essere
me

Camilla Mancini

Libera di essere me

MONDADORI

Negli interni: © St_range Elena Platova / Shutterstock,
© Felink - Creative Studio / Shutterstock, © clelia-clelia / Shutterstock,
© jagoda / Shutterstock, © Olga Rai / Shutterstock, © NVLvibes / Shutterstock,
© Finevector / Shutterstock, © Volha Kratkouskaya / Shutterstock.

Le due frasi a pagina 37 sono tratte da *Wonder*, regia di Stephen Chbosky, 2017

Redazione di Clare Stringer

www.ragazzimondadori.it

www.bookonatree.com

Prima edizione: aprile 2025
Stampato presso ELCOGRAF S.p.A.
Stabilimento di Cles (TN)
Printed in Italy
ISBN: 978-88-04-80435-2

A voi, che possiate avere il coraggio di essere
fragili e forti allo stesso tempo.
Siate umani, con amore, sempre

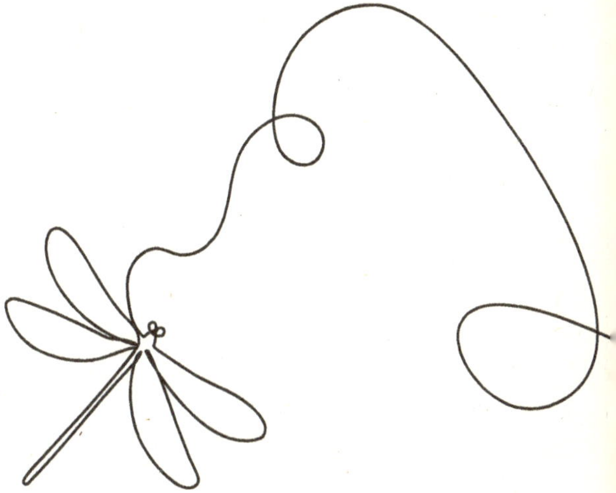

È una tempesta che ti coglie all'improvviso e ti lascia senza scampo.

Ti entra dentro come un veleno, ti morde il cuore e la mente, ti paralizza.

È un peso che ti schiaccia il petto, ti toglie il respiro, ti chiude lo stomaco e ti apre cicatrici che poi cerchi di nascondere agli altri per paura, per vergogna.

Ti fa sentire fragile, con un senso di inadeguatezza addosso, sempre un passo indietro rispetto agli altri, come se valessi meno.

Come se fosse colpa tua.

È una prigione silenziosa. Ferisce la tua anima, ti spezza le ali. E lascia segni che ti accompagneranno sempre, anche quando tutto sembra finito.

Si chiama BULLISMO. E io ne sono stata vittima per tanto, troppo tempo.

Poi ho cercato di salvarmi.

Ci provo ogni giorno.

E ogni giorno non so se ce la farò, ma ci provo e ci proverò per sempre.

Io.

Mi chiamo Camilla Mancini.

Il mio cognome è quello, sì: lo conoscete bene anche se non seguite il calcio. Un cognome che ha tanti colori, ma quello principale è l'azzurro. L'azzurro blucerchiato della maglia più bella del mondo, quella della Sampdoria, l'azzurro della Lazio, del Manchester City e infine quello della nostra Nazionale. Ma per me è l'azzurro del cielo. Il colore che mi ha regalato mio papà Roberto è l'azzurro del cielo di Roma.

Il mio nome mi è molto caro. Infatti ho letto che, presso i Romani, il camillus *e la* camilla *erano fanciulli liberi che assistevano il sacerdote durante i riti sacri.*

Ecco, lo dice il mio nome: io sono libera, libera di essere me.

Nonostante tutto.

Nonostante la paresi facciale con cui sono nata.

Perché, quando a mia madre si sono rotte le acque, il cordone ombelicale in qualche modo ha pesato sul mio viso che, senza liquido attorno, non aveva più protezione. Ero di appena due chili e cento grammi e mi ha schiacciato i nervi della parte destra del volto. Poi è bastato il tempo necessario per arrivare in ospedale.

È bastato per cambiare tutto.

È andata così e ho cercato a lungo un colpevole, ma un colpevole per quello che mi è successo non c'è.

E allora adesso faccio quello che si fa quando si smette di cercare di chi è la colpa, quando si smette di frugare nel proprio rancore: provo a raccontare la mia storia.

Camilla Mancini

C'è stato un momento in cui ho capito che raccontare le cose è smettere di subirle. Dare loro un nome, un senso. E il senso non è mai un vuoto, è pieno di risposte. Certo, ci vuole coraggio. Gli atti di coraggio sbloccano tante energie. A volte pure quelle che nemmeno sapevamo di avere.

Diversa

Sono nata diversa.

Da piccola davo la responsabilità ai medici. E pure a mia mamma Federica. Dopotutto ero nella sua pancia, no? Lei doveva proteggermi, e invece niente. Aveva fallito.

Già, ero arrabbiata. E lo sono stata per un po' di anni. A ripensarci, che assurdità è stata. Che dolore deve avere provato mia mamma quando la guardavo con rabbia, senza dire niente.

E comunque non ci ho convissuto da subito, con l'essere diversa. Da piccolissima mi guardavo allo specchio e non lo sapevo. Vedevo Camilla e basta. Non avevo un termine di paragone.

Poi sono andata a scuola, ricordo bene l'attesa del primo giorno: non aspettavo altro. Per la prima volta potevo stare da sola in mezzo a tanti, tantissimi bambini come me. In più alla scuola internazionale avevamo una divisa blu con lo stemma, sembrava di essere a Hogwarts.

Insomma, eravamo tutti uguali.

Ma in un giorno solo ho imparato che non eravamo uguali per niente. Anche se avevamo addosso gli stessi vestiti.

Infatti altri bambini hanno iniziato chiedermi: "Perché sei diversa? Perché hai la bocca storta?".

Ovviamente la bocca è la parte che si nota di più. Perché quando parlo, il fatto che ci sia una asimmetria spicca e si vede bene un lato che si muove più dell'altro.
A volte, prima di iniziare un gioco venivo fermata. Mi dicevano: "Eh, no, Camilla, tu non puoi perché sei diversa".

Mi arrivava addosso un gran colpo. Che mi mozzava il

fiato. Non rispondevo, non reagivo. Mi sentivo paralizzata dalla paura.

Ma la paura non era il peggio.

Perché poi arrivava quell'altra cosa.

La sensazione di essere sbagliata. E sporca. Sì, mi sentivo sporca. Perché in quei momenti sentivo di avere veramente qualcosa di marcio dentro. Insomma, loro avevano ragione e io torto. Ero davvero sbagliata e così restavo lì, immobile.

Crescendo, tutto è diventato più sottile, più sussurrato. Ma non per questo meno feroce. In pochi mi dicevano davvero in faccia che non potevo stare lì, ma si creava un sottile disagio in chi mi fissava, in chi guardava il mio viso.

Sentivo lo sguardo che indugiava un po' troppo. Vergogna.

Sentivo lo sguardo che mi evitava. Vergogna.

Ma per fortuna non tutti mi mettevano in difficoltà.

I primi che mi hanno difesa, da adolescente, mi hanno spiazzata. Cioè, sapevo che potevo non rispondere, che addirittura potevo non dare peso a certe frasi. Potevo ignorare i bulli, accidenti! Però da sola non ci riuscivo, ero come incastrata in un labirinto dove prendevo sempre le stesse strade.

E quando qualcuno mi porgeva la mano, lì capivo che la gente può essere cattiva, certo, ma che ci sono anche tante persone buone. Purtroppo spesso ero così bloccata che quella bontà non riuscivo a vederla.

Ne ho parlato anche con i miei genitori, nel frattempo. Anzi, a loro ho fatto un sacco di domande. Una valanga di perché. Piano piano, con il passare del tempo e crescendo. E ogni volta mi spingevo più in là, e più i perché si facevano grandi, più complicate diventavano le risposte. Le loro, le mie.

Vedevo una luce, laggiù in fondo. E anche se non sapevo come raggiungerla, era comunque una consolazione sapere che esisteva. Una luce.

Il tempo è passato, sono cambiata, cresciuta. Eppure la parola più usata, di cui non mi sono mai liberata, è rimasta una.

Sei *diversa*.

Per anni me la sono sentita rimbombare nell'orecchio: diversa, diversa, diversa.

Diversa.

E automaticamente la associavo alla mia bocca. Era qualcosa di istintivo, ovvio. "Hanno ragione loro" pensavo, "hanno ragione quelli che devono a tutti i costi sottolineare continuamente la diversità di quella parte del corpo" e questo ogni giorno, ogni ora, scatenava tempeste incredibili dentro di me.

Spesso allora mi osservavo il viso allo specchio stando dritta e fissavo l'asimmetria; poi mi mettevo di profilo, quello non traumatizzato, e be', in quel momento non ero diversa, mi sentivo come tutti gli altri. Non c'era nulla che mi facesse male, se mi guardavo in quel modo.

Non mi facevo mai la coda ai capelli. Ogni tanto mia mamma mi proponeva di farmi la treccia, ma io rifiutavo. Certo che no! Per me avere i capelli sciolti era fondamentale. Mi coprivano, potevo spostarli dove più sentivo di averne bisogno. Erano la mia coperta di Linus. La mia protezione. Uno scudo contro la parola *diversa*.

Ma ogni scudo che ti protegge da quello che ti può arrivare addosso, contemporaneamente ti isola, ti allontana da ciò che ti circonda. Ti impedisce di vivere pienamente le esperienze.

Ora è cambiato tutto.

Ora mi dico: che cos'è che ti fa più paura, Camilla?

Non avere nessuna protezione.

Bene, lascia lo scudo a casa e vediamo che cosa succede.

Che cos'è che ti fa ancora più paura?

Non avere nessuna protezione e scoprire che sono tutti lì a guardare solo me.

Benissimo, usciamo di casa, andiamo a incontrare un pubblico, saliamo su un palcoscenico.

Alla prima presentazione del mio romanzo ho scelto e scartato e poi scelto di nuovo e scartato di nuovo i vestiti da mettere, le scarpe, il trucco. Ma di una sola cosa ero certa: che avrei tenuto i capelli raccolti.

Per vedere che cosa sarebbe successo.

Mica facile, eh?

E sai una cosa? Sono stata bene.

Una pettinatura diversa ti può cambiare la vita?

Fa ridere, a dirlo. Ma che fatica, a farlo.

Ho visto che cosa succede, e quello che succede è che ora sono io e sono anche un'altra Camilla.

Ma quanto è stata dura la mia lotta.

Battaglia

Essere faccia a faccia con il bullo di turno è come finire trascinati in un campo di battaglia, ma senza preavviso, senza armatura, senza armi. È un'imboscata: non sei preparato, non hai difese.

E il colpo arriva sempre all'improvviso.

Te lo aspetti, eppure quando arriva ti stupisci. Sempre.

E tu che fai? Potresti sentirti sopraffatta, come se un nemico invisibile ti stesse prendendo di mira, colpendoti con crudele precisione. In quei momenti, non realizzi subito cosa sta succedendo. L'incredulità e lo smarrimento prendono il sopravvento. Ti servono minuti preziosi per mettere a fuoco.

Solo che nel frattempo, dopo il primo, i colpi continuano ad arrivare, l'uno dopo l'altro.

Diventi un *punching ball*, rimbalzi tra offese, umiliazioni e dolore, incapace di fermare quel flusso che ti colpisce. Lì dentro, tra le emozioni.

Ogni colpo è una ferita, ogni ferita un piccolo pezzo di te che sembra morire. E allora ecco che sei sempre più piccola, invisibile, stai svanendo a poco a poco.

È qualcosa che ti è familiare?

A livello conscio, è una sconfitta schiacciante: hai perso, emotivamente ne esci come dopo esserti infilata in un tritacarne. O almeno così sembra. Eppure, a livello subconscio, qualcosa di straordinario sta accadendo.

Seguimi, perché è ora che inizia un pezzo importante del viaggio. Senza rendertene conto, in quel momento di pura disperazione, tiri fuori una forza che non pensavi di possedere. Una scintilla interiore che illumina il tuo buio e ti spinge a resistere, anche solo per andare avanti di un passo, per andare oltre quel momento.

Ogni colpo che subisci sta contribuendo, senza che tu te ne renda completamente conto, a costruire una fortezza dentro di te, un luogo di resistenza e di resilienza che ti renderà più forte. Ora non lo sai, è normale. Eppure è una forza che ti sorprenderà, pronta a emergere quando ne avrai più bisogno.

Quindi quella battaglia, per quanto dura e devastante, è anche il terreno su cui inizi a costruire la tua forza interiore, la tua capacità di andare avanti.

Ed è una forza speciale, che ti protegge dai colpi esterni ma lascia passare l'amore.

Sì, stai imparando a combattere per te stessa e ad aprirti al mondo. A me è successo proprio così.

Durante questo percorso, in cui imparerai a difenderti e ad aprirti al mondo, dovrai affrontare diversi nemici.

Il bullo è il primo che ti troverai di fronte, spesso senza preparazione e senza difese. È una battaglia in cui il nemico è fuori di te, qualcuno che cerca di abbatterti, di umiliarti, di farti sentire piccola e indifesa. Ti colpisce emotivamente, lasciandoti ferite invisibili che sembrano gridare a tutti la tua vulnerabilità.

Certo, inizialmente pensi che perderai, cos'altro puoi fare? Invece è lì che comincia a forgiarti dentro, a far emergere la tua forza interiore.

Poi arriva un'altra battaglia e qui preparati: è davvero dura.

Quella contro te stessa, quella che combatti guardandoti allo specchio, affrontando le tue insicurezze, i dubbi, il giudizio più severo.

Ovviamente il tuo.

È il momento in cui i pensieri si trasformano in catene, e il tuo peggior nemico sei sempre tu. È un combattimento silenzioso ma costante, che ti spinge a mettere in discussione il tuo valore, a cercare di essere all'altezza di richieste imposte dagli altri.

Prima battaglia, chi ti aggredisce.

Seconda battaglia, te stessa.

E non è finita.

Da lì si passa alla terza, contro le aspettative degli altri. Quelle che sembrano sussurrarti continuamente cosa dovresti fare, chi dovresti essere. È uno scontro celato, che ti porta a indossare maschere per compiacere gli altri, per ottenere la loro approvazione e accettazione. Per non deludere nessuno.

È estenuante, vero?

Ogni maschera pesa, ogni sorriso forzato ti allontana un po' di più da chi sei.

Infine, per me c'è stata ancora una battaglia, quella contro la perfezione.

Quella gabbia dorata in cui ti sei chiusa, convinta che solo essendo impeccabile meriterai amore, rispetto, riconoscimento. È un nemico subdolo, ti illude di offrirti protezione, in realtà ti imprigiona.

La perfezione ti fa temere l'errore, ti spinge a nascondere ogni difetto, a vivere con il terrore di sbagliare. Perché l'errore non ti rende degna d'amore.

Invertire la rotta è qualcosa in cui mi impegno da tempo. Sto imparando a celebrare l'imperfezione, a normalizzare l'errore, a vedere lo sbaglio non come un fallimento, ma come un'opportunità di crescita. Ogni passo falso, ogni caduta, ogni crepa è una parte della mia storia, qualcosa che mi rende autentica.

Questo processo è una liberazione. Riconoscere che non devo essere perfetta per essere felice mi ha dato la forza di lasciar andare tante aspettative irrealistiche. Di accettarmi per come sono, con i miei limiti e le mie fragilità.

Ecco come ho trovato una libertà che nessuna perfezione potrebbe mai offrirmi.

Ho smesso di cercare la strada più facile, non mi interessa che una cosa sia semplice. Ne deve valere la pena.

Papà
Mamma

Mia madre è il sole, mio padre è la luna. Due opposti, entrambi hanno illuminato il mio cammino. Sono diversi come il cielo all'alba e al tramonto, ma ognuno, a modo suo, mi ha insegnato qualcosa di essenziale. Ombre e luci che mi hanno resa, in parte, quella che sono.

Una cosa che ho imparato da papà, lo dico sempre, è il senso del dovere.

In realtà non me l'ha insegnato a parole. Me lo ha fatto capire piano piano, mi è entrato dentro guardandolo, seguendo quello che faceva lui. Come si comportava.

D'altra parte mi ha anche insegnato che puoi dire quello che vuoi, però in realtà poi tu sei quello che fai. Sono i fatti che ti raccontano.

E non si è trattato di spiegazioni o imposizioni come: "Devi impegnarti, devi lavorare, devi fare". Si è trattato di piccoli gesti, soprattutto nei momenti difficili, che mi hanno fatto capire cos'era davvero quel senso del dovere così importante per lui.

Per esempio da piccola capitava che lui mi mancasse e che glielo dicessi, insistendo perché tornasse a casa. Lui mi ascoltava, ma poi rispondeva che non poteva farlo, perché stava lavorando, aveva dato la sua parola, c'erano tante persone che avevano bisogno di lui. Per lui era un impegno che voleva portare avanti al meglio, anche se mi voleva bene. E sentivo che era dispiaciuto. Dietro a scelte del genere c'è sempre del sacrificio.

"Ma io ho bisogno di te, papà."

E lui mi rispondeva con un sorriso alle volte stanco ma

sempre dolcissimo: "Anche io ho bisogno di te, Camilla. Ho bisogno di te, della forza che mi dai, dell'amore che sento nel mio cuore per fare bene il mio lavoro, per essere all'altezza delle imprese che devo affrontare. E per tornare a casa fiero di ciò che ho fatto".

Che bello quando uno parte ma dice: tornerò.

Che bello quando uno si tira su le maniche e dice: guarda, ti mostro come si fa.

Quindi sì, papà per lavoro si è perso tanti momenti in famiglia. E, di nuovo, da piccola fino all'ultimo insistevo, ero certa che non si sarebbe perso il mio compleanno o un altro momento importante. Perché io, sua figlia, ero più importante di tutto il resto che stava fuori casa.

Invece no. Io ero e sono importante, ma papà mi ha insegnato che ci sono anche impegni da rispettare, altre persone che dipendono da te o che lavorano con te.

Per senso del dovere, per esempio, mancava quasi sempre ai colloqui con i miei insegnanti. Veniva mia madre e gli riferiva poi ogni dettaglio. Ma non era la stessa cosa. Non perché la mamma non mi bastasse, ma perché dentro di me speravo che ci fosse anche lui ad ascoltare.

Andavo bene a scuola per me stessa, certo, ma anche per i miei genitori. Per dimostrare che ero all'altezza, per sentirmi dire che ero brava, per vedere nei loro occhi quel riflesso di fierezza che rendeva ogni sforzo meno pesante. E sapere che mio padre non avrebbe sentito con le sue orecchie gli insegnanti dire "sua figlia è bravissima" mi lasciava addosso un vuoto sottile ma profondo. Come se quel riconoscimento, senza la sua presenza, non avesse davvero valore. Come se rimanesse sospeso nell'aria, senza mai arrivare a lui.

Solo più tardi ho imparato a comprendere che dietro alle assenze di papà c'erano i suoi sacrifici per il lavoro, che gli hanno permesso di dedicarsi alla sua squadra, di rimanere concentrato e di vincere partite importanti. Vittorie e successi che sarebbero stati impossibili senza la sua dedizione e lucidità. Si è privato di tanti momenti personali importanti legati alla mia educazione per costruire qualcosa a livello lavorativo. Per la realizzazione di un sogno lavorativo, anche, a volte.

Ecco, papà mi ha fatto capire che questo sacrificio aveva un valore. Era prezioso.

Mia mamma mi ha insegnato la cura e la protezione. Anche se non sempre è stata presente come avrei voluto.

Faccio un passo indietro: potrei definire i miei genitori un po' vecchio stile, nel senso che sono cresciuti in un certo modo, quando dei sentimenti non si parlava troppo, quando un certo pudore ti faceva dire con gli occhi quello che le parole non potevano esprimere. Ognuno è il risultato dei propri genitori e del suo passato, ognuno ha le proprie esperienze. E io so che mi amano, sento di essere amata. Ho sempre percepito l'amore attorno a me, da bambina, poi da adolescente e oltre, ogni giorno. Però mamma e papà sono poco espansivi. All'inizio capitava che ci rimanessi male, ma adesso so che per esempio un abbraccio da mia madre può non arrivare, ma che lei ha un modo tutto suo di dimostrare affetto. Io e i miei fratelli la prendiamo un po' in giro per il suo essere maniacale con la casa, per come se ne occupa. Con il tempo però ho capito che è questa una forma di protezione verso qualcosa a cui tiene e che riguarda anche tutti quelli che ci vivono. Mamma costruisce ogni giorno, con amore per i dettagli, un mondo nel quale noi possiamo abitare bene. Quanto è bello quando accanto alla tazza del caffellatte e la scatola dei biscotti trovi un piccolo fiore?

A volte non bada a ciò che faccio, magari se ho un colloquio di lavoro non mi dà suggerimenti o consigli. Però ogni volta che mi vede giù (e mi becca sempre, anche quando penso che nessuno se ne possa accorgere) mi chiede cos'ho e se ne voglio parlare. Capisce come sto da come dico "mamma" al telefono. Perfino da come scrivo "ciao" su WhatsApp. Ha un radar per le cose importanti.

Un'altra cosa fondamentale che mia mamma mi ha insegnato è la libertà di essere me stessa. È qualcosa che solo crescendo ho imparato ad apprezzare. Che solo adesso sto capendo veramente.

Entrambi i miei genitori, piuttosto che fare un passo in avanti, essere invadenti, si sono sempre tenuti un passo indietro. Per farmi sentire quanto possa essere bella la libertà, la responsabilità e, perché no, l'avventura.

Papà, fin dalla mia nascita, è stato molto protettivo. Eppure, appena ho avuto la possibilità di trasferirmi all'estero da sola, non ha cercato di trattenermi. Mi ha guardata e ha detto: "Vai. Se non ora, quando?".

Quelle parole erano il suo modo per farmi capire che mi lasciava andare, anche se gli costava farlo. Non ero più la sua bambina, stavo crescendo, ero cresciuta. E questo mi ha dato coraggio.

Meglio perdersi in un bosco che soffocare in un abbraccio, ecco cosa mi hanno insegnato mamma e papà.

E questo comprende anche la cura verso il corpo. Verso il sentirsi bene con ciò che siamo anche esteriormente. Come specchio di cosa c'è all'interno. Partendo dall'essere vestiti in un certo modo, pettinati in un certo modo.

Certo, tutti e due tengono molto all'aspetto. Papà è un personaggio pubblico, ed è un atleta. Mia mamma è sempre stata molto molto esteta, però non lo è in modo superficiale. Ci tiene per stare bene con se stessa e gli altri.

Se c'erano delle occasioni importanti, per esempio, amava aiutarmi a scegliere cosa indossare. Era un nostro piccolo rituale: lei apriva l'armadio, tirava fuori vestiti e accessori, e insieme decidevamo quale fosse più adatto. Ma quando ho dovuto scegliere l'abito per il mio diciottesimo compleanno, mi ha sorriso e mi ha detto: "Oggi decidi tu, senza di me. Sarà la tua giornata, devi sentirti sicura delle tue scelte". Solo dopo ho capito che quel gesto, apparentemente irrilevante, era invece il suo modo di lasciarmi andare, di farmi capire che ero pronta a camminare con le mie gambe, senza cercare sempre la sua approvazione.

E così ho fatto, ho imparato a scegliere per me, da sola.

Diversamente da mia mamma, a me piace l'essenziale. L'unico accessorio che mi serve avere è il mio orologio. Ne ho solo uno. Me lo ha regalato mio papà.

E come mio papà è un indicatore, una bussola, un amico.

Fratelli

I miei fratelli, Filippo e Andrea, mi hanno insegnato qualcosa di importante che non ho realizzato subito.

L'accettazione.

Insomma, non deve essere stato facile per loro, entrambi nati prima di me, ritrovarsi una sorellina che calamitava su di sé così tante attenzioni.

Quando sono arrivata io, loro avevano sette e cinque anni, quindi abbastanza grandi per capire che la situazione era delicata. La loro sorellina era nata fragile. E sulle mie fragilità si sono concentrate fin da subito le attenzioni di mamma e papà, che hanno sempre avuto per me un occhio di riguardo in più.

Il trauma con cui sono nata ha cambiato la vita a tutti. E non era scontato che anche i miei fratelli fossero disponibili, invece è andata così. L'iperprotezione dei nostri genitori nei miei confronti, per forza di cose, si è tradotta in minori attenzioni per loro, che erano più grandi e più forti di me.

Solo quando sono cresciuta, mi sono resa conto dell'accettazione che i miei fratelli hanno avuto verso di me.

In *Wonder*, uno dei miei film preferiti, parti della storia sono raccontate dal punto di vista della sorella del protagonista, che soffre nel vedere le difficoltà del fratellino. E che giustamente soffre anche nel vedere che i genitori si dedicano più a lui.

I miei fratelli, con il mio arrivo, hanno vissuto momenti in cui nessuno ha chiesto loro come stavano, dando per scontato che fosse tutto a posto, perché io invece avevo avuto una brutta giornata. Perché io avevo più bisogno di supporto. Perché io ero io. Eppure mi hanno accettata. E li ringrazierò sempre, per questo.

Ora non posso andare avanti senza aggiungere alcune cose su *Wonder*.

Certo, è un film tratto da un libro per ragazzi, ma tutti dovrebbero vederlo, o leggerlo, almeno una volta nella vita.

È una storia educativa e profonda, ricca di insegnamenti sulla vita, sul dolore e sulla resilienza. Insomma, lascia il segno e invita a riflettere sulla forza dell'empatia e sull'importanza di accettare e valorizzare le differenze.

Conosco bene il dolore di Auggie, il protagonista. Ogni volta che guardo il film, mi trovo a provare quella morsa allo stomaco, quelle sensazioni fisiche che mi riportano indietro. A quando succedeva a me.

Auggie guarda sempre per terra. Be', io da bambina facevo lo stesso. E quelle parole di suo padre: "Ti sentirai come se fossi solo, Auggie, ma non lo sei". Ecco, sono una verità cruda, diretta, e incredibilmente sincera.

L'insegnamento più forte del film è racchiuso in una frase: "Auggie non può cambiare il suo aspetto, forse noi possiamo cambiare il nostro sguardo". Quello del film è un messaggio potente: attraverso l'amore per se stesso, Auggie impara ad accettarsi, e così facendo insegna agli altri ad accoglierlo per ciò che è. Certo, non lo fa da solo. Ha il supporto della famiglia, dei genitori, della sorella maggiore e di alcuni nuovi amici come Jack e Summer. È anche grazie a loro che Auggie impara a stare in mezzo agli altri, a scuola, trovando il proprio posto nel mondo e facendo capire a chi lo circonda l'importanza dell'empatia, della gentilezza e, appunto, dell'accettazione.

Wonder non è solo un film, e nemmeno solo il libro scritto da R.J. Palacio, è una lezione di vita. Un invito a guardare oltre le apparenze, a essere più gentili, più umani. Una storia che tocca il cuore e non ti lascia più.

Perché ci sono storie che ti salvano la vita, non dimentichiamolo mai.

Tornando ai miei fratelli, di colpo nella loro vita era arrivata questa sorella più fragile e tutto è cambiato. Prima erano loro due che ricevevano attenzioni e in casa c'era una routine, dopo no. O, meglio, c'erano altri ritmi. Eppure, loro due non mi hanno mai fatta sentire diversa, non mi hanno mai trattata con pietà né con compassione.

Sono sicura non abbiano mai pensato: "Mia sorella ha una paresi, la tratto diversamente perché, poverina, la vita è già stata dura con lei". No, si sono comportati con me come facevano tra loro. Quando mi volevano tirare i capelli lo facevano; se s'inventavano di prendermi a pallonate, idem, accadeva.

Insomma, io ero la sorella, punto.

Ammetto di non averne mai parlato con loro. Come spiegavo prima, in famiglia non siamo molto educati alle emozioni e all'esprimerle, tendiamo a viverle in autonomia e magari le reprimiamo perfino. Però sono certa che non sia stata una passeggiata, per loro. Anche crescendo.

Glielo dico adesso, e non è facile, sai, ma glielo dico adesso: grazie.

Sono sempre stata diversa da loro a livello fisico eppure mi sono sentita accettata fin dall'inizio.

Il primo fratello, Filippo, quando ero piccola, era molto geloso e difensivo. Un po' come se fosse un prolungamento di mio padre nel cercare di proteggermi ed evitarmi pericoli.

Invece Andrea si comportava all'estremo opposto. Il suo mantra è "vivi e lascia vivere". Per lui ho sempre potuto fare come credevo, da più grande pure bere o vestirmi in modo strambo, purché non superassi un limite che mi avrebbe messa in difficoltà.

In ogni caso entrambi mi vogliono bene, lo so, e io ne voglio a loro.

E ci siamo, gli uni per gli altri. Ovunque ci troviamo.

La paura, preparati, arriverà. È certo, ok? Allora quando arriverà, quando sentirai di non farcela, di non essere all'altezza, ricordati chi sei e soprattutto ricordati tutto quello che hai già superato.

Amici

Ci sono mani che ti salvano senza fare rumore.

Non sempre servono grandi gesti per difendere qualcuno, a volte basta una frase detta al momento giusto, uno sguardo complice o semplicemente una mano che ti trascina via, lontano da ciò che ti fa male.

Zoe l'ha fatto con me. Ogni volta che qualcuno mi chiedeva, a quattordici anni, in tono curioso, o peggio, con quella sottile cattiveria travestita da innocenza: "Che cos'hai in viso?", lei non esitava un secondo: "Ma dai, che domanda è?" interveniva, sdrammatizzando e spezzando l'imbarazzo.

E se le parole non bastavano, prendeva la mia mano e mi diceva: "Vabbe', andiamo". E andavamo. Insieme.

Quel gesto, apparentemente insignificante, per me significava tutto, mi faceva sentire meno sola, capita. Perché a volte tendere la mano a qualcuno significa proprio questo: fargli capire che non deve affrontare i problemi da solo.

Un amico sa quando è il momento di prenderti con sé e portarti lontano da ciò che ti ferisce.

Non a caso gli amici per me sono fondamentali.

Credo molto nei rapporti umani, da sempre. E credo nelle amicizie, nell'amicizia come tipo di rapporto.

So a cosa stai pensando: sì, sono un'inguaribile romantica e, come si dice, sono innamorata dell'amore. Eppure per me l'uomo che un domani avrò al mio fianco, prima di essere il mio fidanzato, mio marito, forse anche il padre dei miei figli, prima di tutto dovrà essere il mio migliore amico.

Per me l'amicizia è un valore inestimabile e importantissimo. I miei amici sono la famiglia che mi sono scelta, le persone con cui posso essere autentica, senza maschere, senza filtri, senza temere giudizi. Gli amici mi accolgono con amore e con calore dopo la mia famiglia.

Ammetto di essere molto selettiva. Per me la qualità conta più della quantità. Ho pochi amici, e sono quelli giusti, quelli veri, quelli sinceri, che sono presenti nella mia vita e capaci di accettarmi per come sono, pregi e difetti compresi, sia fisici sia caratteriali.

L'amicizia per me si basa su fiducia, rispetto e condivisione. Gli amici sono quella presenza che ti accompagna nei momenti belli e ti sostiene nei momenti difficili. L'amico condivide i tuoi successi quanto i fallimenti.

L'amico ti guarda in faccia per un tempo giusto e il suo sguardo è sempre una carezza, anche quando litighiamo.

Gli amici sono il rifugio sicuro, la spinta a crescere insieme. Non ci sarei io senza gli amici e senza il valore dell'amicizia. Mancherebbe una grandissima parte di quella che è Camilla oggi.

Gli amici sono magia.

Sono un grandissimo carburante quotidiano. Come io cerco di esserlo per loro. Mica sono l'unica ad avere dei problemi, eh.

Le mie cicatrici sono più visibili delle loro, ma questo non vuol dire che le loro non esistano. Che le tue non esistano.

Corpo

Il mio rapporto con il corpo è un viaggio che continua tuttora, con alti e bassi.

Alti piuttosto alti e bassi terribilmente bassi.

Per molto tempo ho considerato il mio corpo un limite, un antagonista, qualcosa che non mi rappresentava.

Certo, sono sempre stata molto protetta, ho imparato a mangiare bene e ad avere una forma fisica in cui sono stata e sto bene. Sono figlia di uno sportivo che mi ha insegnato l'importanza dell'alimentazione consapevole. "Siamo ciò che mangiamo, il cibo è il nostro carburante, ricordatelo sempre." E l'attività fisica, che per me vuol dire praticare uno sport, ha sempre fatto parte della mia vita.

Eppure in passato mi concentravo su ciò che del mio corpo non mi piaceva, sulle imperfezioni. Erano quelle a definire il mio valore. Chi ero. Era un meccanismo che scatenava reazioni inaspettate. Pensavo cose del tipo: "Dato che non posso fare nulla per il mio viso, allora non ci deve essere neanche un filo di pancia" e allora mi convincevo di non avere il peso giusto. E allora e allora... Che casino.

Con il tempo, crescendo, ho capito che il corpo in realtà è nostro amico. Il mio corpo è la casa che mi ospita, è lo strumento attraverso cui io vivo, sento, amo e faccio tutto il resto.

Quindi ne sono diventata via via più consapevole e ho imparato a rispettarlo, a prendermene sempre più cura. E sai una cosa? Pure a concedergli ciò che voleva quando lo voleva. Tipo un bel gelato, un pezzo di torta. Non si tratta di esagerare, si tratta di riconoscere che una fetta di torta o un gelato possono farti stare bene in quel momento. E privarsene come valore assoluto non ha senso.

Ecco, tutto parte da quando ho iniziato a guardare il mio corpo con gentilezza.

E te lo dico chiaramente: il mio corpo non è perfetto.

Tolte le cose che già sappiamo, ci sono parti che oggi ho accettato, ma che non mi piacciono troppo. Però va bene così, è unico ed è la somma di tutte le mie esperienze.

Quindi sicuramente oggi il rapporto con il mio corpo è più sereno.

Non è sempre facile, certi giorni mi sveglio e magari mi sento gonfia, allora mi vesto in modo da camuffare le forme. Oppure a volte non sono in vena di mostrare il corpo durante il ciclo. Capita. Sto imparando a lasciar passare questi momenti e a non darci troppo peso. Sto imparando a capire che va bene, che capita a tutti a volte di non sentirsi particolarmente bene e che non siamo sempre pronti per essere immortalati in una foto da postare su Instagram.

Quello che faccio è cercare di non ostacolare il mio corpo, ma anzi di ascoltarlo, di capirlo e di ricordarmi che non sono solo ciò che vedo allo specchio, sono molto di più.

E anche tu.

Siamo tutti diversi, ognuno però ha una storia da raccontare, un segno da lasciare, qualcosa da insegnare.

Condivisione

Davanti alla cattiveria, che fosse dei bulli o in altri contesti, la mia prima reazione è sempre stata quella di bloccarmi.

Da piccola mi pareva che non ci fossero altri modi, sentivo di non avere alternative. Ed è una sensazione brutta, come essere con le spalle al muro. Senza nessuno attorno, nessuno che possa intervenire o darmi una mano. Perché quasi sempre quando arriva la frase o il gesto cattivo, ci sei solo tu. I genitori sono lontani, spesso accade quando gli adulti non sentono né vedono.

Quindi sì, è vero, spesso non ci sono altri che possono intervenire per difenderti. Eppure è lì, è in quel momento che stai imparando a essere forte, ad affrontare situazioni così.

Io l'ho capito molto tempo dopo, eppure proprio in ogni singolo scontro, in ogni occasione in cui ho ricevuto battutacce e sono stata esclusa o derisa, ecco lì stavo resistendo.

Stringevo i denti e non mollavo, appunto.

E il giorno dopo tornavo a fare ciò che volevo o dovevo.

Per cui oggi ti dico una sola cosa: non mollare. Tieni duro, stringimi la mano, se ti va, ti accompagno, posso rivivere quel dolore insieme a te, e tu puoi restare in piedi. Fidati.

Fa male, ma resti in piedi.

Ti fa urlare, ma poi passa.

E scoprirai che un giorno smetterai di sentirti così.

A me è successo.

Non mi sento più sola, ho un sacco di gente intorno

che mi vuole bene, con cui confidarmi. E tanti episodi che ho vissuto male, a ricordarli oggi capisco che mi hanno dato l'occasione di diventare quella che sono. Di avviare, piano piano, una specie di metamorfosi, una trasformazione verso la comprensione, l'ascolto e contro ogni forma di cattiveria. A scuola, per esempio, il fatto che i miei compagni non mi "difendessero" mi faceva sentire sola, disorientata, smarrita, debole, poco amata, come se nessuno tifasse per me. Crescendo, però, ho capito che non è facile mettersi in mezzo, soprattutto da piccoli, e che, in fondo, il loro starne fuori mi ha aiutata a costruire la mia forza. Mi ha obbligata a tirare fuori risorse che non sapevo di avere e a sviluppare la mia resilienza.

In un certo senso, il loro non intromettersi allora mi ha permesso di essere fragile e forte allo stesso tempo, oggi, a ventotto anni.

Ed è stato proprio lo sguardo degli altri sempre fisso su di me a insegnarmi ad andare oltre all'apparenza, senza dimenticare che tutti possono soffrire. Ognuno ha le sue caratteristiche, il suo modo di essere, che lo rende diverso da me e dalla maggior parte della gente. Questa diversità non è qualcosa che mi colpisce o su cui mi soffermo a pensare, facendo confronti.

Di certo però mi ci sento vicina.

C'è proprio un istante in cui mi scatta un'empatia speciale.

Un istante che posso definire magico.

Insomma, so cosa sta provando. So cosa può capitare.

Ed è come se nascesse una vibrazione tra anime. Non saprei spiegarlo in altro modo.

Anche mettermi al servizio degli altri viene da questo percorso di condivisione e comprensione.

Oggi riesco ad accogliere il dolore di tutti. Il mio, il tuo, il suo. Ma anni fa, figuriamoci! Non riuscivo nemmeno a gestire il mio.

Invece la condivisione alleggerisce. Come ogni peso, il dolore ci resta addosso, ma spesso ci sono altre persone che lo reggono con noi, per un poco, per qualche passo, a volte con un sorriso.

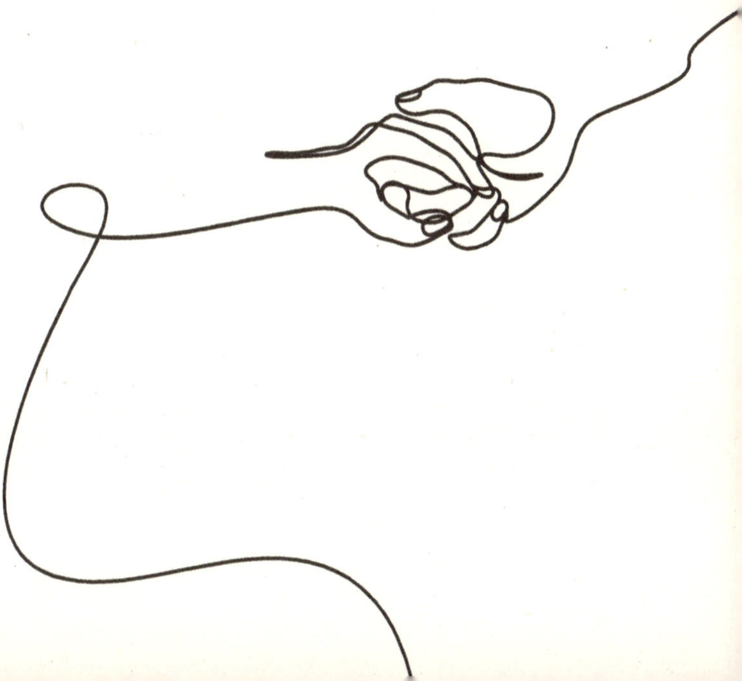

Invidia

L'invidia la conosco.

So che in passato sono stata invidiata perché "figlia di", magari anche perché avevo possibilità e oggetti non alla portata di tutti.

E anche a me è capitato di provare invidia per qualcuno o per qualche cosa. Però dopo un primo momento di invidia dovrebbe esserci l'accettazione, l'accettazione del fatto che siamo tutti diversi e abbiamo esperienze differenti. Inoltre, nell'invidia sei da sola, nell'accettazione sei insieme. Mica poco!

Mi spiego meglio: alcune cose che ci succedono o che siamo non dipendono da noi, non le possiamo controllare, e non ha senso scusarsi per il fatto di trovarsi in una condizione privilegiata.

Così come ci saranno sempre situazioni in cui l'altro ha qualcosa che io non ho. Può essere una caratteristica fisica, tipo che guardo una modella e, anche ora, penso: "Ammazza che gambe chilometriche, io sono un tappo". O: "Che sorriso... Perché non posso averlo anche io?". Oppure può essere qualcosa di più materiale, come una borsa di alta moda... Lo dico come esempio, a me delle borse importa poco, ma ci siamo capiti.

Secondo me, comunque, a volte l'invidia dipende dall'autostima. Perché se io sto bene con me stessa, se ciò che ho mi è sufficiente, non ho bisogno di invidiare.

Ovviamente notare negli altri qualcosa che si vorrebbe per se stessi è umano. Anche questo va capito. Inutile aspettarsi un mondo perfetto o ideale. Non esiste nulla del genere.

Tutto ciò che è nuovo all'inizio può disorientare, eppure è proprio lì, nel caos, che nascono le possibilità più belle.

Consapevolezza

Tutto è iniziato quando ho capito che ero bloccata in una specie di gabbia, avvitata su me stessa, e che da sola non sarei riuscita a uscirne.

Rendermene conto è stata la svolta.

Mi sono detta: "Da sola non ce la faccio. I miei genitori, anche se ci provano, non riescono ad aiutarmi. E neanche i miei amici. Chi potrebbe aiutarmi davvero? Potrei provare con un professionista".

Ho capito che avevo bisogno di parlare con qualcuno. Dell'invidia. Della cattiveria. Del bullismo. Di tutto ciò che sentivo non andare bene.

Erano cose che non avevo metabolizzato davvero. Certo, vivevo la mia vita, andavo a scuola, mi sono iscritta all'università, niente mi ha mai fermato. Avevo degli amici, ho avuto dei fidanzati, quindi a volte mi dicevo che sì, dai, ce l'avevo fatta.

Eppure in realtà non mi amavo. Mi definivo con parole negative, anche di odio.

Tipo: "Oggi fai schifo, fai veramente schifo".

Che male, anche solo adesso che ci ripenso.

No, non farlo, non dirle, quelle parole. Sono pericolose, non dirle mai.

Per non parlare di quante energie mi rubava questo atteggiamento! A un certo punto ho capito che non riuscivo ad avere un bel rapporto con gli altri, ero esausta, il mio sguardo si era ristretto. Mi rendevo conto di diventare peggiore e allora diventavo ancora peggiore: litigavo sempre con papà, con i miei fratelli non c'era comunicazione, con mia madre rabbia e lacrime, con gli amici prendevo ogni cosa sul personale e facevo mille ragionamenti avvitandomi su me stessa. Avevo sempre bisogno di essere rassicurata. Rimanevo in attesa di ogni frase, di ogni commento che mi facesse sentire quanto gli altri mi volevano bene o mi capivano e così via. Ma era veramente assurdo, così.

Parlarne ha tirato fuori tutto.

Che fatica dire le cose.

Ma che veleno, nelle cose che restano dentro di noi senza essere mai dette.

Ovviamente, anche dopo avere capito che avevo bisogno di parlarne con qualcuno, non è stata una passeggiata. All'inizio ho fatto fatica a decidermi, lo volevo fare eppure avevo la testa piena di dubbi: "Ma non è che qualcuno penserà che sono troppo fragile? O che sono solo viziata?".

Però poi ho riflettuto sul mondo che conoscevo bene, quello dello sport, e mi sono resa conto che tanti atleti hanno una persona che, sul piano professionale, li supporta. Una figura come il mental coach. Roger Federer ce l'aveva, Jannik Sinner ce l'ha. Perché gli atleti possono rivolgersi a qualcuno che li aiuti a dare il meglio di loro stessi, e se lo facciamo noi che non siamo atleti rischiamo di essere stigmatizzati? Nello sport, il mental coach fa parte dello staff delle persone che seguono l'atleta. Tutto qui. Perché per i non atleti dovrebbe essere diverso?

Certo, gli atleti, soprattutto a un certo livello, si trovano a dover affrontare tante pressioni, a vivere periodi particolarmente intensi e faticosi, e questo "giustifica" il fatto che abbiano a disposizione un aiuto a livello psicologico.

Della serie: "Tu sei uno qualunque, un umano normale, non devi affrontare ventiquattro Gran Premi di F1 in un anno, che cavolo ti serve un aiuto a livello mentale? Dai, ce la puoi fare a gestire l'ansia, datti una mossa e smettila di frignare".

Per fortuna sono gli stessi atleti, come appunto Sinner o Simone Biles, a darci un esempio, a non vergognarsi di apparire "umani" e a dirci che siamo tutti uguali. Che è poi quello che ho cercato di far capire io con il mio romanzo intitolato *Sei una farfalla*, una storia per ragazze e per ragazzi. Siamo tutti uguali, tutti abbiamo dei momenti di difficoltà; anche l'attore famoso può avere l'ansia o gli attacchi di panico, e magari andare dallo psicologo. Vale per tutti, indipendentemente dalla professione. Se una persona ritiene di averne bisogno, è giusto che abbia la possibilità di andare dallo psicologo.

Dopotutto, le emozioni ci accomunano, sono un linguaggio universale, al di là del lavoro che fai o delle etichette che la gente ti attacca addosso.

E sì, a essere sincera, in passato sono stata anch'io un po' giudicante. Se non accettavo me stessa, ti aspetti che accettassi gli altri?

Ma da quando ho iniziato a fare terapia ho cambiato approccio. Ovviamente ogni tanto mi capita ancora di mettere etichette, fa parte del nostro modo di pensare. Non occorre nemmeno essere troppo severi con se stessi. L'importante è non farsi condizionare da schemi o, appunto, giudizi preconfezionati.

Anche dire a qualcuno "Sei uno stronzo" è un giudizio. Invece ho imparato che è meglio dire, e pensare, che tu in quel momento "ti sei comportato da stronzo". È una differenza importante. In questo modo non ti sto definendo, sto riconoscendo una circostanza, un contesto.

Perché poi è capitato a tutti, pure a te, no? Sei una brava persona, però in quella situazione ti sei comportato da stronzo, ma non lo sei sempre. O magari lo stai facendo con una persona o in un contesto come quello d'amicizia o sul lavoro, però con altre persone o in altri momenti non lo sei.

Per cui ora non dico, e non penso, più che una persona è fatta in un certo modo, ma che in quella situazione si è comportata in quel modo per alcuni motivi. O anche senza capire i motivi. Voglio dire: non dobbiamo sempre capire e sapere tutto degli altri. L'importante è guardare alle cose in modo sano e rispettoso.

Ci hai mai provato?

Ah, se riesci, tra "sei" e "uno stronzo" prova almeno a inserire le paroline "un po'". Non risolve le cose, ma, come si dice, aiuta.

C'è un piccolo racconto che ora vorrei condividere. Riguarda una persona che conoscevo tempo fa e che è morta di overdose. Ecco, il punto è che io non ho mai pensato che quella persona fosse definita dalla droga, aveva un nome e quel nome non era "drogato", c'erano tante cose di lui, più importanti. Poi un giorno ha avuto una debolezza, uno scivolone. La sua ferita forse era più dolorosa del solito, la solitudine l'ha aggredito e ha trovato nella droga una soluzione, sbagliata, certo. E soprattutto fatale. Però non ho mai pensato: "Lui è un tossicodipendente". No. Lui ha avuto problemi con la droga.

Don Ciotti – sai chi è? Una persona speciale che, guarda caso!, ha fondato un'associazione contro tutte le mafie che si chiama Libera – ha fatto diverse dichiarazioni proprio sui termini che si usano per definire le persone. Chiamare quelli che hanno problemi di droga "tossici", per esempio, appiccica un'etichetta violentissima. Perché "tossico" è una parola mostruosa, che finisce per farti sentire quasi sporco. Perché in fondo sei un rifiuto, sei tossico, sei radioattivo. Don Ciotti ci insegna che siamo tutti persone. Alcune hanno dei problemi, forse non hanno fatto le domande giuste e di certo hanno trovato solo risposte sbagliate.

Un'altra cosa che ho imparato è a non dare giudizi neanche sui miei comportamenti. Quando parlo con il mio psicologo, magari non faccio troppo caso a come mi esprimo, e allora dico: "Sì, sa, dottore, ho fatto questo, però so che ho sbagliato". Ecco, lui mi ferma subito. Dice: "Alt, non hai sbagliato".

Esatto, non esiste giusto o sbagliato. Oppure: chi definisce cosa è giusto e cosa è sbagliato?

Ognuno ha il proprio modo di vedere le cose e di vivere.

A volte possiamo commettere azioni o prendere decisioni che poi si rivelano errate per vari motivi. Magari facciamo male a qualcuno senza volerlo. O lo facciamo a noi stessi.

Vedi come poche parole possono cambiare il mondo?

Ho iniziato la terapia verso i ventidue anni, ora ne ho ventotto. Di certo i primi tre anni sono stati molto tosti, salivo poi scendevo.

A volte arrivavo a pensare che forse neanche la terapia poteva salvarmi.

Invece non è andata così, ho insistito.

Però in quei primi anni non sono riuscita comunque a superare certe dinamiche. C'erano proprio delle cose che non metabolizzavo e quindi non vedevo i cambiamenti che speravo.

Un esempio?

Dovevo uscire con i miei amici. Poi scoprivo che nel gruppo c'erano anche persone che non conoscevo, amici di amici. A quel punto mi scattava l'ansia: "Oddio, questi non li conosco. Magari non vado. Magari mi vedono, si fanno delle domande su di me...".

Allora mi rendevo conto che non mi sentivo protetta, e temevo cose che invece potevo vivermi e basta.

"Quindi, porca miseria, perché andare in terapia?"

Erano proprio domande così che mi facevano tornare nella mia testa a quando avevo sette anni e mi paralizzavo. All'epoca era la paura del cambiamento a bloccarmi. Oggi invece so perché ho uno psicologo. So che passi ho fatto, dove sto andando.

Ecco, posso dire di aver fatto uno switch.

In pratica lo switch si realizza quando non reagisci più come prima. Può essere un cambiamento minuscolo, l'importante è uscire dalla rete di azioni e reazioni dannose.

E qual è la parola esatta per definire come sei quando esci dalla rete?

Libera.

Accettarsi

Ci ho messo un sacco di tempo a capirlo, ma ora so che l'accettazione di sé è veramente la chiave di svolta che ti permette di vivere bene. Con tutti. Con te stesso e con gli altri.

E dire che quando sentivo: "Se ami te stessa, poi permetti anche agli altri di amarti", pensavo: "Ecco, che cazzata! Cioè, se uno mi ama, bene, che gli frega se io mi amo?".

Invece no. Se tu non ti ami, anche l'altro farà fatica a farlo.

Significa innanzitutto mettersi al primo posto.

Perché sei tu il progetto più importante della tua vita. Alla fine tu starai con te stessa fino a che non tirerai l'ultimo respiro. Quindi devi imparare ad amarti con gli up e i down, nei momenti in cui ti senti bene e in quelli in cui vorresti solo lasciarti andare.

Da quando ci riesco, il rapporto con gli altri è più bello e, senza che ce ne rendiamo conto, si crea quasi sempre una sintonia.

L'accettazione è una radice fondamentale.

Poi, ricordiamoci anche che gli altri ci amano per come vedono loro l'amore. Non potranno mai amarci per come ci aspettiamo noi di essere amati. Ognuno attribuisce ai sentimenti un significato, un modo.

Amor, ch'a nullo amato amar perdona ci hanno insegnato a scuola. Dante, *Inferno*, Paolo e Francesca.

Vuol dire che se sai amare davvero, allora l'amore verrà fatalmente ricambiato, tornerà da te più forte. Che non possiamo non amare chi ci ama realmente.

Ecco, perdonami se aggiungo una piccola premessa: se cominci ad amare te stessa, se metti da parte anche solo per un istante i mille "sei diversa" che ti hanno scagliato addosso, allora spesso tutto il resto sarà una conseguenza.

Non funziona sempre.

Ma ci voglio provare sempre.

Perché quando ce la faccio... be', ha ragione Dante.

Equilibrio

Per me stare bene è un equilibrio delicato tra movimento, connessioni, ispirazione e solitudine. Ecco perché ogni giorno cerco, per quanto posso, di nutrire un po' tutte queste dimensioni.

Il movimento per me è l'allenamento. Allenarmi fa parte della mia vita, del mio quotidiano, fa parte di me. E non si tratta solo del corpo, ma anche della mente: mentre fatico, fatica anche la mente. Muovere il corpo, portarlo al limite, magari superare i limiti. In pratica ogni allenamento è anche un momento di sfida. E di vittoria. Per superare un limite fisico non ci vuole solo il corpo, anche la mente deve essere connessa.

Se continui a pensare: "No, non ce la faccio, non riesco", ecco che tutto diventa insormontabile, e anche il corpo ne risente.

E, credimi, so che cosa vuol dire. Da quel terribile secondo giorno di scuola, dopo che avevo imparato cosa vedevano gli altri in me, ogni giorno avvicinandomi alla mia aula mi dicevo proprio: "No, non ce la faccio, non riesco".

E se...

E se invece io...

E se invece tu ce la potessi fare eccome?

Le connessioni sono un altro di quegli ingredienti che cerco ogni giorno. Perché per me c'è sempre spazio per gli amici. Anche se, come ho detto prima, io chiamo amici poche persone. Scelgo con cura con chi aprirmi e con chi confidarmi e a chi dare la mia fiducia. Ma ogni giorno cerco persone che riempiano e colorino la mia vita con risate, consigli, condivisioni, a volte anche litigi. O semplicemente con pensieri e modi di affrontare la vita diversi. O anche solo con una chiacchierata veloce che mi dia la carica. Che diventi, magari, il carburante in una giornata no.

Se però non ci sono gli amici, mi rifugio nella lettura. Preferisco testi di matrice psicologica o motivazionale, capaci di aprirmi la mente, di ispirarmi.

Oppure ci sono giorni in cui sento il bisogno di ispirazione più visiva e creativa, come film e serie tv. Qualcosa che mi faccia pensare, ma anche un po' fantasticare. Pure sognare, perché no?

Senza dubbio una parte fondamentale della mia routine quotidiana per stare bene è il tempo con me stessa. Io amo stare da sola. Mi concedo momenti di solitudine per ricaricarmi. Ascoltarmi, ritrovare il mio centro. Sono convinta che preservare la mia solitudine sia proprio essenziale per essere presente poi con me stessa e con gli altri.

Ecco, per stare bene questo è il mio modo.

E il tuo?

Non c'è niente di peggio che sentirsi non scelti. Eppure se non siamo i primi a sceglierci, come possiamo insegnare agli altri a farlo?

Ispirazioni

Avere dei punti di riferimento, a partire dai miei genitori, è sempre stato molto importante, e mi ha aiutato a trarre ispirazione su come affrontare la vita tutti i giorni. Crescendo, i miei punti di riferimento sono diventati più numerosi e sono persone di ogni genere.

Gli sportivi per ovvi motivi mi ispirano da sempre. Giravano per casa nostra fin da quando ero piccola, e per me erano un po' come figure mitologiche: quasi sempre alti, magri, sorridenti. E, tutti quelli che ho conosciuto meglio, avevano in comune un'ironia leggera che li rendeva ancora più affascinanti ai miei occhi.

Crescendo, mi sono resa conto che molti vengono da situazioni difficili, sono pochi quelli che avevano già la strada spianata. Già di talento. Già in condizioni di benessere fisico ed economico. Già consapevoli di dove puntare e cosa fare. Gli sportivi si costruiscono, sono determinati, anche loro soffrono, eppure cercano di non farsi scalfire da quella sofferenza.

Pensa a Lewis Hamilton, per esempio. Anche lui, come me, ha raccontato di essere stato bullizzato fin da piccolo, a scuola: nel suo caso si è trattato di insulti razzisti e perfino di violenza fisica. E infatti considera quello il periodo più traumatizzante e più difficile della sua vita. Dopo avere scoperto la sua passione per i motori e il suo talento, suo papà è arrivato a fare quattro lavori pur di farlo salire su un go-kart e poi mandarlo alle competizioni. E lui non ha mai mollato. Mai.

Ecco, io negli sportivi come Lewis Hamilton (ormai si è capito che mi piace, vero?) ammiro proprio la resilienza, si piegano ma non si spezzano. Lui sul casco ha scritto: STILL I RISE, "Ancora mi solleverò". E AND STILL I RISE è anche la frase che si è fatta tatuare Simone Biles dopo i blocchi mentali che a Tokyo 2020 l'hanno costretta a fermarsi e a ripartire da zero.

Come il titolo della bellissima poesia di Maya Angelou, scrittrice e poetessa afroamericana, che tra le tante cose fu anche un'attivista per i diritti civili al fianco di Martin Luther King Jr. e Malcolm X.

Dice più o meno: *Io comunque cadrò, cadrò, cadrò, ma ogni volta mi alzo.*

Anzi, permettimi di citarne un pezzo, che trovo meraviglioso:

Volevi vedermi distrutta?
Testa china e occhi bassi?
Spalle che cadono come lacrime,
indebolita dai miei pianti di dolore.
[...]
Puoi spararmi con le tue parole,
puoi tagliarmi coi tuoi occhi,
puoi uccidermi con il tuo odio,
ma ancora, come l'aria, mi solleverò.

Still I Rise.

Altri sportivi che trovo di ispirazione sono Federica Pellegrini. Sinner, ovviamente. Nadal. Djokovic. Personalità forti, che quasi sembra siano al di sopra di ogni umana debolezza, invece no. Hanno affrontato tanto, e ora hanno chi una corazza, chi un modo particolare di guardare la realtà.

Ci sono anche cose che mi ispirano, non solo persone: libri, canzoni, film...

Ho già raccontato di *Wonder*. Tra le mie serie tv preferite c'è *L'estate in cui imparammo a volare*, che insegna il valore dell'amicizia al di là di tutto, malattia e morte comprese. E un altro film che in realtà mi fa ridere, quindi mi fa stare bene: *Una notte da leoni*. Non sottovalutiamo mai il potere di una grande risata, nemmeno se gli altri hanno da ridire su che forma ha la nostra bocca quando ridiamo.

Ora però mi fermo un attimo su *L'estate in cui imparammo a volare*: racconta di un'amicizia indissolubile, eterna, fatta di amore puro, in cui le protagoniste si sostengono a vicenda nelle gioie e nei dolori della vita, tra successi e fallimenti. Mano nella mano. Ci sono momenti in cui la loro amicizia viene messa duramente alla prova, ma riescono a superarli grazie al bene profondo che le lega. È una storia che parla della forza di un legame capace di resistere a segreti, conflitti e incomprensioni, e che affronta temi importanti come il perdono, l'accettazione dell'altro per ciò che è e il coraggio di crescere insieme, senza voler cambiare chi amiamo.

Questa visione rispecchia esattamente ciò che io sento e vivo: l'amicizia è un legame che è un rifugio, una forza, un modo per essere migliori insieme. E infatti questa serie ha un posto speciale nel mio cuore.

Ti ho convinto a guardarla?

Spesso cerco anche libri che mi possano ispirare, non solo storie belle per intrattenermi, ma in cui spero sempre di trovare risposte alle mie domande. E mi piacciono le singole frasi motivazionali, sono un modo per ricaricarmi. Le sottolineo, le copio su un quaderno e, se sono proprio belle, le evidenzio.

Seguo anche tantissimi creator e mental coach americani su TikTok.

A volte basta una frase a tirarti fuori da una nuvola nera.

A volte, lo ammetto, basta un piccolo luogo comune, uno di quei pensieri così fragili che li puoi disintegrare con un sorriso... a volte mi tirano fuori dai guai anche loro. E anche a loro sono grata.

Tre oggetti in particolare sono per me fonte di ispirazione e riescono a darmi la giusta carica e motivazione.

Prima di tutto le mie matite. E le penne. Penne stilografiche. O biro. Ho dei rituali: se inizio a scrivere una cosa importante con una, deve essere quella sempre. Anche all'università iniziavo il primo giorno con una penna e poi la usavo fino alla fine del corso. O finché non si consumava, certo. E ovviamente gli evidenziatori, che mi ispirano coi colori e le intensità. Quanto è bello avere tutti gli evidenziatori allineati, con quella specie di arcobaleno pronto a sottolineare le cose che devi ricordare, che devi capire, che devi vedere meglio.

Poi c'è Niglio il coniglio, il peluche incredibilmente sopravvissuto a tutti i traslochi. Lui è sempre stato con me da quando avevo quattro anni. È sopravvissuto pure al mio cane, che ogni tanto se lo mordicchiava e gli ha tolto qualche pezzo. Tuttora, quando sono agitata, dormo stringendo Niglio. Lo abbraccio e sto bene. Mi infonde calma, mi fa pensare a momenti belli e mi aiuta a non insistere su tensioni e ansie.

L'ho già detto che sono un po' come Linus?

Il terzo oggetto sono le sneakers.

Mi piace infilare i piedi in scarpe comode, che mi fanno venire voglia di correre, di saltare. Forse sarò atipica: ma mi fai più felice se mi regali un paio di scarpe da ginnastica che dei tacchi.

Coi tacchi non so né correre né saltare.

Prima correvo via dai bulli.

Prima saltavo là dove non mi vedeva nessuno.

Ora provo a correre verso la vita e cerco di saltare per acchiappare le nuvole.

Oh, ho detto che ci provo, mica che ci riesco.

Ci provo.

E se cado… sai cosa? Ancora mi solleverò.

Modelli

I modelli di vita per me non sono quelli perfetti, irraggiungibili. Mai.

Anzi, sono l'esatto opposto: persone che si sono sporcate le mani, anche metaforicamente, che hanno sofferto, che sono cadute e si sono rialzate, che nonostante tutto non hanno mollato. Persone che magari venivano dal niente e da quel niente hanno saputo costruire. Persone che hanno avuto il coraggio di creare qualcosa di loro, di autentico, anche quando nessuno ci credeva, e quel qualcosa non esisteva. Persone che hanno trasformato il dolore in forza, che non si sono negate di essere fragili, di essere umane.

Ecco, i miei modelli di vita normalizzano le fragilità, dimostrano che essere vulnerabili non è una debolezza, non è una vergogna, ma una forza, un vanto.

In una società troppo spesso costruita e finta, sono quelli che si distinguono per i modi genuini e autentici, che non si nascondono dietro a maschere pur di essere accettati, pur di far parte del gruppo. Sono persone capaci di accettare ogni sfumatura di sé e, così facendo, riescono poi ad amare davvero gli altri.

Ecco, sono questi i modelli che mi ispirano.

Oltre ad alcuni degli sportivi che ho già citato, penso a Steve Jobs, Michele Ferrero, Brunello Cucinelli, Michael Jordan, Nelson Mandela, Van Gogh, Aristotele, Platone, Nietzsche, Leonardo da Vinci... persone diversissime tra loro eppure tutte forti, coraggiose, ma anche imperfette.

Prendiamo Brunello Cucinelli, per esempio. Lo conosci? Ha avuto un'infanzia modesta, suo padre faceva l'operaio e veniva trattato ingiustamente. Proprio questo spinse Brunello a sognare una realtà che coniugasse la dignità umana e il lavoro. È stato definito il "re del cashmere", e ciò che ha creato ha trasformato il borgo di Solomeo in un simbolo di cultura. È un imprenditore che si è fatto dal nulla, ma anche una persona che non ha mai smesso di sognare. Non ha mollato. E oggi mette al centro della sua azienda l'artigianalità e il rispetto per i dipendenti.

Prima non ho nominato Jordan B. Peterson, psicologo clinico, professore e autore canadese. Leggere i suoi libri mi ha cambiata. Soprattutto *12 regole per la vita*. Un vero e proprio antidoto al caos, come recita il sottotitolo, in cui trovi consigli pratici per affrontare le complessità della vita. Le sue idee spesso sono incentrate proprio sulla responsabilità individuale, ma tratta anche temi controversi che non gli hanno evitato critiche. Però, come ragiona a me piace.

E quelli che sono per me dei modelli di vita non sono solo persone famose: tra loro c'è anche la professoressa di biologia degli ultimi due anni di liceo che era sempre sorridente, un tipo solare. Senza volerlo mi ha mostrato com'è bello e importante questo approccio alla vita, apprezzarla e dare più spazio a ciò che fa sorridere piuttosto che lamentarsi o notare solo ciò che non funziona. E, di nuovo, in passato di fronte ad affermazioni del genere avrei riso di gusto. "Se sorridi alla vita, la vita ti ricambia... Che cagata!" Invece è vero, è proprio così.

In ultimo non posso non menzionare due grandissimi che purtroppo non ci sono più, e che sono stati anche cari amici di famiglia: Siniša Mihajlović e Gianluca Vialli. Entrambi hanno affrontato la malattia con coraggio. E mi hanno dimostrato, pur non sapendolo, cosa significa non mollare mai, neanche di fronte alle sfide più dure, neanche di fronte alla morte.

Grazie a loro ho toccato con mano quanto è prezioso rimanere aggrappati alla vita, senza perdere il sorriso e la voglia di combattere. Trasformando gli ostacoli in motivi per andare avanti.

Ho tanti ricordi di giorni belli con Luca Vialli.

Quando lavorava gomito a gomito con papà io ero piccola, per noi era di famiglia, è anche stato il padrino al battesimo di mio fratello.

Ma in particolare serbo nel cuore l'ultimo ricordo che ho vissuto con Luca. Avevo questo rituale con papà, durante gli Europei, fin dalla prima partita inaugurale a Roma. Lui era in campo, in panchina. Si girava, mi salutava, e io gli facevo un cuore con le dita.

Le prime tre partite erano a Roma, poi andando avanti si sono spostate e non sono più riuscita seguirlo. Quindi il rituale si è trasformato in una videochiamata: ci sentivamo quando era sul pullman diretto alla partita, e io gli facevo questo cuore.

Poi ovviamente, dopo che hanno vinto, papà mi ha chiamata, mi ha fatto vedere la medaglia al collo. E dietro di lui, c'erano Lele Oriali e Luca che sono entrati nella videochiamata. Ecco, è stato uno tsunami di emozioni. Vedere Luca, così felice, gli occhi emozionati... è stato unico.

Ancora di più quando ho potuto riguardare con calma

il famoso abbraccio tra papà e Luca. Per me è stato meraviglioso. Ho visto raramente mio padre così commosso. Luca gli permetteva di essere vulnerabile. E di lasciarsi andare. E quel gesto, l'abbraccio e l'emozione vibrante, con le lacrime, ha avuto un effetto su tanti. Non solo su di me, intendo.

Sono rabbrividita.

E so che tanti, in tutta Italia, hanno avuto brividi. E non solo.

Però quello lì era mio papà.

Con il suo migliore amico.

E Luca ora non c'è più.

Ecco, sono questi frammenti di grandissime emozioni che porto con me.

Ho capito che per condividere il tempo con qualcuno devi prima imparare a convivere con la tua solitudine. Quelle volte in cui mi sono sentita sola, in realtà, mi stavano preparando a non esserlo più.

Dior

"Dio affida le battaglie più difficili ai suoi migliori soldati."

Hai presente questa frase di papa Francesco? Ecco, fino a cinque anni fa la consideravo una cavolata. Perché devo vincere una battaglia?

Ora ho un po' cambiato idea.

Innanzitutto non deve essere per forza una battaglia, ma casomai un viaggio, una lotta interiore, un'avventura da vivere fino in fondo.

E poi, se Dio ha deciso che dovevo nascere in questo modo e che dovevo affrontare la paresi facciale, il giudizio degli altri e i bulli probabilmente una ragione c'è.

Voglio credere che ci sia perché, se è così, allora sono in grado di affrontare tutto questo.

E magari anche di trasformare il dolore in una risorsa.

Oggi sono su questa strada.

E rispetto a Dio, sono credente, sì. Pratico poco. Nel senso che vado a messa con i miei tempi. E credo.

Ogni sera le mie due o tre preghiere le faccio.

Non è che chiedo tante cose. Non più.

Ringrazio, soprattutto.

Perfezione

Ho già accennato a questo argomento, al fatto che in passato dovevo essere perfetta e perfettamente inserita nello schema.

Che fatica.

Mi comportavo sempre bene, correvo se qualcuno aveva bisogno, anche se magari avevo già un impegno: in questo modo, però, ero quella su cui si può sempre contare, l'amica perfetta. Poi, certo, giustificavo molto i comportamenti degli altri perché vivere una vita perfetta dipende anche dal non individuare le criticità, dal far finta di non vedere che c'è qualcosa che non va. Allora trovavo sempre delle scusanti per tutti. Tranne che per me stessa. Insomma, io dovevo rispettare uno standard molto elevato.

La perfezione significava anche rigore estremo sul cibo e sugli allenamenti. Mangiare bene, senza mai concedersi strappi, contando le calorie, privandomi dei dolci che adoro o rinunciando a uscire con gli amici per non rischiare di dover mangiare qualcosa di poco sano; allenarsi sette giorni su sette fino a raggiungere un certo obiettivo, con qualsiasi condizione.

Il perfezionismo per me era un'ossessione silenziosa. Un filtro attraverso cui guardavo ogni aspetto di me e della mia vita.

Ovviamente nella perfezione fisica c'era anche la ricerca della simmetria nel viso, ciò che sapevo di non poter mai raggiungere. Qualsiasi cosa facessi, non riuscivo nemmeno a sfiorarla. Potevo usare un gioco di luci, un trucco studiatissimo, un certo outfit o delle pose. Il mio viso sfuggiva completamente al concetto di perfezione che sentivo fondamentale.

Quanto dolore c'era.

In certi periodi ho evitato ogni specchio.

Non mi facevo fotografare.

Dovevo essere curata in ogni dettaglio, capelli compresi, anche solo un brufolo mi faceva sentire a disagio tutto il giorno. Ci pensavo in continuazione e nella mia testa era sempre più brutto e grosso, quindi mi allontanava dalla perfezione.

Ricordo un periodo in cui mi sono un po' lasciata andare con il cibo, sì, ho proprio mangiato più di quanto mi servisse davvero. Ho preso qualche chilo, ovviamente. Quando me ne sono resa conto, è partita l'agitazione. No, non ero più nella mia idea di perfezione! Allora mi sono allenata più del solito, era un bisogno incontenibile, dettato dal desiderio di compensare l'imperfezione del mio viso con quella del corpo.

Che fatica.

E che modo terribile di vivere.

All'università riscrivevo gli appunti più volte, per metterli in ordine o per correggere qualche refuso. Facevo e rifacevo di continuo, ed ecco che la pagina non era più perfetta, e dovevo ricominciare. Quando prendevo appunti di fretta, poi, dovevo riscriverli per sistemare la calligrafia o non mi sentivo bene.

Un altro problema erano le critiche, le sentivo come un fallimento nel raggiungimento della perfezione.

A volte evitavo perfino di parlare, se non ero certa di

cosa dire. Insomma, il timore di non sapermi esprimere in maniera perfetta mi spingeva a tacere. Dovevo essere impeccabile per non deludere nessuno, inseguendo il mio ideale di persona disponibile, educata, fisicamente perfetta.

E facevo tutto ciò nascondendo chi ero e come mi sentivo davvero.

Da adolescente, a tredici, quattordici anni, non chiedevo, mai e poi mai, aiuto. Temevo che farlo mi rendesse meno perfetta e debole agli occhi degli altri. Era un marchio insopportabile per me.

Per un corso all'università avevo preparato uno speech, studiandolo in ogni dettaglio. Avevo calibrato tutte le parole. Lo avevo riscritto più volte. E testato il tono all'infinito. Non dormivo per provare. Poi, quando è arrivato il mio turno, ho avuto un vuoto di memoria su una parte iniziale, e sono andata nel panico. Un'imperfezione sotto gli occhi di tutti? Inaccettabile!

Dopo, però, ho capito che per quanto mi sforzi, non potrò mai essere perfetta. Mai. Nessuno lo è.

E preparare tutto nei minimi dettagli è un'ossessione, una forma di controllo emotivo. Per fortuna, grazie al mio psicologo, me ne sono resa conto.

Cercavo la perfezione imparando a memoria e ripetendo il discorso mille volte. Ma così perdevo la spontaneità e la gioia.

A volte non serve avere tutto il controllo.

Serve fluire assieme agli eventi.

Senza ossessioni e ricerca di un canone.

Quindi, eccomi qui.

La perfezione non esiste.

Vero?

Se poi, ogni tanto, la vecchia vocina torna a ricordarmi qualcosa, oggi ho il coraggio e la forza di scacciarla.

È la sindrome della brava bambina: solo se sei perfetta, sarai amata e accettata. Perché la "brava bambina" si comporta bene. È perfetta. Fa le cose giuste, sempre. E la sindrome della brava bambina ti spinge a fare tutto per gli altri, ma ti lascia vuota, perché non sai più quali sono i tuoi desideri.

Ti fa credere che il tuo valore dipenda dalla tua capacità di accontentare chi hai attorno.

Ti fa temere il rifiuto e l'abbandono, quindi nascondi le tue necessità perché ti convinci che sicuramente non saranno accolte.

Ecco. Ho azzerato tutto questo.

Perché ho capito che la vita non finisce quando deludi le persone.

O quando chi ti ama ti spezza il cuore e non sceglie te.

O quando non sai cosa fare del tuo futuro.

Né quando fallisci una verifica a scuola o un esame all'università o altrove.

E neanche se perdi te stesso e non sai chi sei.

In passato ho detto spesso "sto bene" quando dentro di me sentivo tutto il contrario, avevo un uragano di emozioni e stati d'animo a rovesciarmi. Lo facevo per evitare spiegazioni o per non pesare sugli altri.

Però ho imparato che non dobbiamo affrontare tutto da soli. Chiunque siamo, ovunque.

Parlarne alleggerisce. Provaci!

Nessuno si salva da solo.

Ecco, questa è una di quelle grandi verità che di solito realizziamo a posteriori, quando ci guardiamo indietro.

C'era qualcuno a tenerti a galla quella volta? Qualcuno che, magari inconsapevolmente, è stato un salvagente?

Pensaci bene. Per me la risposta è sì, qualunque momento difficile consideri.

E basta anche poco: una mano tesa, una parola, uno sguardo, un gesto anche minuscolo. Può venire da persone care, ma anche da sconosciuti, o da chi fa parte della nostra vita ma da lontano, come l'edicolante che vedi ogni mattina, o il vicino di casa che saluti lungo le scale. Può essere qualcuno che durante un viaggio ti aiuta con la valigia, o lo sconosciuto che ti tiene la porta aperta. E può essere il ragazzo che un giorno è uscito dal parcheggio e, vedendomi entrare con la macchina al suo posto, mi ha regalato il suo ticket valido per tutta la giornata (ancora non si metteva il numero di targa sul ticket).

Sono piccoli atti di gentilezza che rendono la vita più leggera e ci ricordano la bellezza delle connessioni umane, anche tra sconosciuti.

Ogni gesto gentile potenzialmente può essere un aiuto per qualcun altro. Pure una frase detta al momento giusto, una risata condivisa, una presenza silenziosa. Solo i supereroi salvano il mondo con gesti pieni di effetti speciali. Ma nella vita reale, in quel quotidiano dove viviamo, è la piccola goccia che può dissetarci senza fare clamore.

Facci caso.

Prova, quando hai il cuore un po' più leggero, rintraccia quei momenti e quelle persone che hanno fatto la differenza per te. Quelle che, senza intenzione, ti hanno dato la spinta per risalire.

Ecco, è lì che dovresti sentirlo.

Che nessuno si salva da solo. Nessuno per davvero.

Forse è proprio questo il segreto della salvezza: non è un atto solitario. È un intreccio di vite che si sfiorano e si sostengono, a volte senza rendersene conto.

E poi c'è il nemico per eccellenza della perfezione: il mio trauma. Fa parte della mia storia, ci convivo da sempre, però non definisce chi sono.

Di certo non posso cancellare ciò che ho vissuto, ma posso metabolizzarlo. E far sì che mi aiuti a essere una persona migliore nel presente e nel futuro.

Accettare, elaborare e affrontare il dolore richiede coraggio, sei d'accordo? Serve una vita autentica. E mai dimenticare che la guarigione è un processo.

E negli anni, dentro di me, ho trovato una resilienza inimmaginabile.

Anche quando ci sembra di avere davanti ostacoli insormontabili, bisogna prendersi il tempo per respirare. Sapendo di avere tutte le risorse per andare avanti e farcela.

L'unico vero fallimento è non provarci o smettere di farlo.

Sì, lo so, la zona di comfort può sembrare un posto sicuro. Ma è quando si esce da lì che la vita inizia. Rimanere nella propria zona di comfort è come rinunciare alla possibilità di crescere e scoprire. Per me la paura va affrontata. Tu che ne dici?

Ho combattuto molte battaglie silenziose. Spesso mi sono asciugata le lacrime da sola, andando avanti. Spesso mi sono dovuta motivare perché nessun altro lo faceva. Spesso ho dovuto sopportare. E ogni passo, anche il più difficile, mi ha dimostrato che ho una grande forza, dentro.

Sono orgogliosa di me stessa.

Delle sfide superate. Delle battaglie vinte. E della persona che sono diventata.

Ma soprattutto di quella che diventerò domani.

Per tanto tempo ho portato un peso invisibile che non mi apparteneva. Il peso del giudizio degli altri, che mi ha impedito la leggerezza di essere davvero me stessa.

Non trovavo pace. Non trovavo il coraggio.

Oggi sono diversa. Ho il coraggio, l'impegno e la consapevolezza di lasciarmi alle spalle ciò che non mi rappresenta più.

Sì, questa sono io, e questo è quello che mi è successo. Però spero che la mia storia possa, in qualche modo, lasciarti qualcosa. Sì, a te che leggi, chiunque tu sia.

Io ero tanta. Tanta vita, tante energie, tanto sentire.
E a volte sono stata così tanta da farmi paura. Da avere paura.
Ma ho capito che non c'è nulla di sbagliato nell'essere intensi e tanti.
Alla fine, per quanto io sia scappata dalle emozioni, queste sono l'unico linguaggio universale capace di connetterci.

Cambiamento

Accettare di partecipare come ospite a programmi televisivi è qualcosa che non immaginavo di riuscire a fare. Più di un milione di persone che ti guardano? Ma stai scherzando?

Eppure poi andarci ha fatto scattare qualcosa, un grande cambiamento.

Certo, l'ansia da prestazione era fortissima, perché ci tenevo. Tuttavia ora sapevo come provare a gestirla. Sapevo che non dovevo controllare le emozioni, e nemmeno anticiparle. Piuttosto assecondarle. Viverle.

La prima volta che sono entrata in uno studio televisivo mi tremavano le gambe.

Una voce mi diceva: ma dove vai, torna a casa, Camilla!

Mille voci mi dicevano: sei diversa, non è il tuo posto.

E sai che cosa ho fatto?

Mi sono messa a piangere.

E sai che cosa è successo?

Niente.

Non mi è crollato il mondo addosso.

Non ha riso nessuno.

Mi hanno ascoltata, hanno capito.

E io, in quell'istante, grazie anche a quelle persone, mi sono sentita salva.

Andare nelle scuole a parlare del mio romanzo con i ragazzi, è stata una prova ancora più grande da affrontare. Lì, dove mi ero sentita inadeguata e rifiutata, impaurita.

Sono stata più forte rispetto al passato, la paura non mi ha paralizzata.

La sera prima di incontrare le classi non ho dormito. Ho immaginato di trovare qualche scusa per rimandare il tutto.

Poi ho stretto i denti e mi sono detta: ce la puoi fare, Camilla. Sei più forte di quello che pensi.

Ho parlato davanti a centinaia di ragazzi.

Alla fine, due si sono avvicinati con gli occhi lucidi e mi hanno chiesto se potevano abbracciarmi.

Ti garantisco che i miei occhi erano più lucidi dei loro.

Non è che le prossime volte sarà più facile, ma intanto questi ricordi preziosi me li tengo stretti, per il grosso cambiamento che rappresentano. Per non dimenticare tutte le volte in passato in cui ho evitato di fare qualcosa proprio perché mi bloccavo. Non andavo a cena o fuori se c'erano persone che non conoscevo. O se mi trovavo di fronte qualcuno che mi piaceva, anziché salutarlo, scappavo.

Il cambiamento è stato affrontare la situazione, esserci proprio.

Come dicevo, ho dovuto imparare ad assecondare le emozioni anziché reprimerle. In passato ero molto rigida e schematica. Ora faccio il possibile per non farmi imbrigliare.

Questo ha portato un altro grosso cambiamento che apprezzo molto: il rapporto con mio padre. Adesso lo accetto per quello che è, pregi e limiti. Oggi il mio rapporto con lui è anche nelle fragilità e forze che ci uniscono. Senza aspettative o pretese. Gli voglio bene.

Il giorno più brutto per me è stato quello in cui ho saputo della separazione dei miei genitori. Avevo diciotto anni, ed ero già un'inguaribile romantica. E loro due, per me, erano un esempio di amore. Forse è capitato anche a te, o no?

Comunque, là mi è un po' crollato tutto addosso. Per fortuna è subentrata anche l'accettazione, soprattutto perché con il tempo ho iniziato a vedere i miei genitori sereni e ammetto di essermi sentita a mia volta più serena. Per un figlio non è facile capire certe dinamiche, però poi si cresce, e si possono osservare cose così in modo più ampio. Capendo più punti di vista.

Un altro cambiamento è la leggerezza, in amore ma anche nei rapporti con gli amici. Ho imparato a prendere tutto meno sul serio, la vita, le persone, gli amici e me.

La vita è bella, è una grande festa, tutto merita di essere vissuto, le difficoltà e i momenti di pura gioia. Per cambiare e migliorare.

Ecco perché dovresti cercare di farlo anche tu.

Magari lo hai già fatto e allora sai di cosa parlo.

Altrimenti, prova. Abbraccia il cambiamento.

Come con i sogni: non bisogna mai smettere di sperare in un sogno bello, nonostante gli incubi che abbiamo avuto.

Amore

Un giorno alla radio ho sentito una voce che cantava *Che coss'è l'amor*.
Che bella domanda.

Già, che cos'è? Provo a scrivere a ruota libera. Non so per te, ma così a volte per me è più facile mettere a fuoco pensieri, sensazioni e consapevolezze.

L'amore è un battito d'ali, un istante sospeso in cui il resto del mondo sparisce. Non ci sono rumori attorno. L'amore è una risata condivisa sotto un cielo qualsiasi.

È l'aria che ha un profumo diverso. Senti le possibilità, il calore. La sicurezza.

L'amore è un gesto semplice, una carezza che ti sfiora il viso senza motivo. Tenersi per mano, guardarsi negli occhi.

È il bene che comunichi ogni giorno.

Il momento dell'amore è sempre vero, se l'hai provato. Che sia finito o che continui. Pure se cambia l'amore stesso. Quell'emozione resta.

Gli amori che ho vissuto io sono stati un tramonto visto in silenzio. Una canzone in macchina coi finestrini abbassati mentre cantavamo a squarciagola.

Il sole caldo sulla pelle.

Il vento tra i capelli.

Un "oggi ti ho pensato".

L'amore è un "mi manchi" all'improvviso. Un "vieni con me? Mi accompagni?".

È dentro ai consigli chiesti, pure in piccole cose quotidiane.

L'amore è nel guardare qualcuno che parla di ciò che ama, sentendotene parte.

È nel non dire niente. E però capire tutto.

Nell'abbraccio che non è stato chiesto, ed è arrivato quando serviva.

Non vedere altro che lo sguardo che ami, anche questo è amore.

È accettare e non proibire.

È sognare e sperare insieme, credere. Non obbligo, bensì fiducia.

L'amore è equilibrio e follia, rischio e certezza.

Non è un appuntamento fisso, è sapersi aspettare in ogni caso.

L'amore è scegliere, noi e l'altro. Sceglietrsi. È guardarsi in giro e dire "voglio te" nonostante le altre possibilità.

È stare dentro a qualcun altro, e riconoscersi.

Senza perdersi, magari ritrovandosi.

L'amore è dare la possibilità a una persona di renderti vulnerabile e distruggerti ma confidare nel fatto che non lo farà. È fidarsi, di noi stessi e dell'altro.

L'amore è il motore del mondo e ne genera altro, di amore.

È tutto ciò che ci fa essere chi siamo, noi e gli altri.

Certo, l'amore può anche portare tanto dolore. Può farti soffrire. A me è successo.

Mi sono ritrovata a un bivio: potevo fuggire da quel dolore, ignorarlo, zittirlo. O affrontarlo. Ho scelto di viverlo fino in fondo, di lasciarmi attraversare senza cercare scorciatoie.

Non è stato facile, anzi, è stata una delle sfide più dure che abbia mai affrontato. Ma oggi so che proprio quel dolore mi ha permesso di crescere e di diventare una versione migliore di me stessa.

È stato un percorso che ha arricchito non solo me, ma anche ciò che metto nella mia scrittura.

Ecco: il suono di questi tasti che rispondono alle mie dita, senza timore di dire cose troppo semplici ma con la magia di incantare le mie paure, anche le più terribili... questo suono è qualcosa che ha molto a che fare con che cos'è oggi per me l'amore.

Per me scrivere è come raccogliere un sentimento universale: il non sapere dove andare.

Tutti, in un modo o nell'altro, cerchiamo il nostro posto nel mondo. E tutti ce l'abbiamo, quel posto. Alcuni lo trovano senza sforzo, in fretta. Altri lo cercano per più tempo, inciampano, si perdono e riprovano. Io sono tra loro.

Per me scrivere non è stato solo un processo creativo, ma anche un rifugio, un percorso di autoguarigione. Perché insieme al mio romanzo, consegnandolo nelle mani dei lettori, in realtà ho lasciato andare anche gran parte dei miei dolori e delle sofferenze. Un pezzettino di me si è staccato ed è partito insieme al libro. Per me è stato un giorno di rinascita.

Ogni frase che ho scritto, ogni personaggio sono stati un passo avanti, un pezzo in più nel puzzle della mia identità. Scrivere è stato evasione, ma non fuga da me. Al contrario, è diventato un modo per allontanarmi da ciò che non mi apparteneva e avvicinarmi, invece, a ciò che mi somiglia davvero. E quando ho iniziato non sapevo che sarebbe andata così!

Mi sono messa a scrivere e, poco alla volta, è arrivato il resto.

Ecco perché te lo ripeto: tutti abbiamo il nostro posto nel mondo.

Anche tu.

Non avere fretta.

Sii paziente.

Concediti il tempo e le fragilità per cercarlo e trovarlo.

Bisogna imparare a dare importanza non a chi vede ma a chi sa guardarci davvero.

Maschere

In tanti vivono ogni giorno portando una maschera.

Una maschera a coprire la propria vera natura.

Una maschera sotto la quale c'è tanto, troppo...

La maggior parte delle persone che incontri non ti mostra il suo vero volto, ci hai fatto caso?

Per paura, soprattutto. La paura ci frega: la paura ci fa alzare dei muri che poi è difficile buttare giù.

Anche una sola persona in più che accetta l'idea di togliersi la maschera mostrandosi per ciò che è, chiedendo aiuto, be', è un sorriso in più regalato al mondo.

Quindi io dico grazie a chi mi dà questa possibilità ogni giorno.

A te che leggi, mi segui e mi accompagni.

Mi hai cambiato la vita assieme a tutti quelli che hanno fatto emergere ciò che sento di essere nata per fare.

Demoni

A un certo punto della mia vita mi muovevo sull'orlo del precipizio. Sì, era uno di quei momenti di crisi in cui non riuscivo a gestire nulla. Pensavo che ognuno di noi ballasse a braccetto con il male. Era come se dentro di me ci fosse un demone da soggiogare; una lotta interiore da combattere.

Traumi come il mio causano vergogna, dolore e conflitto interiore. Un demone dentro.

Poi ho trovato un'amica vera, Giulia, e siamo diventate due solitudini che condividevano punti bui, spigoli vivi. La lotta contro le ombre interiori si è arricchita del sostegno e della comprensione di qualcun altro.

La mia amica del cuore l'ho incontrata all'università, tra le stesse mura dove quattordici anni prima ero stata rifiutata. Ci siamo riconosciute con uno sguardo durante la classe di inglese, e da allora è stata una boccata d'aria fresca. Giulia è quell'amica che ti sprona a uscire dalla tua zona di comfort, che sa quanto certi passi siano difficili e li celebra con te. Siamo opposti, ma condividiamo valori profondi e pezzi di vita.

Il corso delle cose ci ha separate per un breve tempo, ma io l'ho sempre sentita. E quando è stato il momento, sono andata a riprenderla esattamente dove l'avevo lasciata. Giulia porta il sole nelle tasche e c'è sempre stata, anche da lontano.

Sai una cosa? È sempre lui, il linguaggio delle emozioni, il più immediato e universale che esista, quello che può venirci in aiuto, che può aiutarci nella crisi.

Il dolore c'è, per me, per te, per tutti.

Ma con il tempo cambia colore.

Ho imparato ad abitare il caos dentro di me, che sia disordine emotivo, fragilità, conflitti, insicurezze, paure, dubbi...

E a farne la mia pace. Accettandolo. Solo così ho potuto trasformarlo in qualcosa di meno spaventoso e gestibile.

Non cerco più di aggiustare tutto o di eliminare ciò che mi sembra sbagliato, piuttosto cerco un equilibrio convivendoci. Così si crea quasi una sorta di armonia, imparando a stare con le imperfezioni e traendone forza.

Non si tratta di negare il caos. Si tratta di integrarlo come parte essenziale di chi sei.

E poi bisogna scegliere le proprie battaglie.

Io per esempio mi sto ricostruendo. Sfido pregiudizi e critiche e cerco di andare oltre ogni stereotipo. Non sono i giudizi altrui a definirmi, non più. Non mi faccio condizionare da etichette o pregiudizi, vado oltre le apparenze. E puoi farlo anche tu, se lo vuoi.

Sia chiaro: io non so come farlo.

Dunque non posso dare consigli.

Ma posso provare a raccontare la strada che sto percorrendo.

Bisogna accettare ciò che non si può cambiare.
Io ero terrorizzata dal cambiamento, poi questo viaggio mi ha insegnato che il cambiamento non è la fine, bensì l'inizio.

Fame

Ho fame di mondo e di vita: non è una provocazione, o uno di quegli slogan usa e getta.

La verità è che ho davvero bisogno di scoprire, conoscere, avere scambi che mi facciano crescere, che mi aprano la mente, vedere le cose con occhi diversi. E questo è possibile solo se sto fuori, nel mondo.

La vita si muove tra il dolore e il piacere, e il segreto sta nel fluire: saper lasciare andare da una parte e accogliere dall'altra.

E i problemi dove li metto? Ci sono, ovvio, ma iniziano proprio quando ci blocchiamo, quando smettiamo di accettare ciò che arriva e di lasciare andare ciò che se ne va.

Lasciare andare per me non vuol dire arrendersi, ho un post-it speciale per questo.

Perché lasciare andare è smettere di forzare e accettare che alcune cose sono così. Punto. E lasciandole così, possiamo fare spazio a ciò che potrebbe renderci felici.

Accogliere invece è aprirsi, essere curiosi, prendersi cura di ciò che proviamo senza giudicarlo. Liberarci di abitudini, convinzioni e legami che ci appesantiscono.

Hai mai riflettuto sulla parola "esprimere"?

Vale a dire imprimere il proprio tocco su ciò che hai attorno, anziché "reprimere", e quindi conformarsi a come ti vorrebbero gli altri.

L'inconscio, quella parte nascosta della mente che raccoglie emozioni, impulsi e desideri primitivi, spesso irrazionali ma potenti, creando spinte vitali, desideri, ma anche paure, freni, condizionamenti.

È quel magma di desideri, pulsioni, paure e istinti che scorre al di sotto della soglia della nostra identità cosciente, ma che si riflette in molti nostri comportamenti.

Sai, l'inconscio è ambivalente: da un lato ci motiva e alimenta i nostri sogni e le nostre aspirazioni; dall'altro, può limitarci attraverso blocchi interiori, spesso derivanti da esperienze passate o traumi.

E io ho fame del mondo perché voglio aiutare. Donarmi.

Sacrificare qualcosa per qualcun altro.

Dedicare tempo.

Dedicare energie.

Esserci fisicamente, quando possibile.

Esserci anche con dei problemi, riuscire a mettermi da parte se a qualcuno serve qualcosa.

Presenza e semplicità portano a pensieri, messaggi. E, per me, alla felicità.

Dolores

Siamo poco e male educati al dolore.

Non sappiamo stare nel dolore.

Soprattutto nel dolore degli altri.

Ognuno soffre a modo suo e dovremmo rispettarlo.

Per esempio credi che il non straziarsi di lacrime, non urlare, né strapparsi i capelli o buttarsi per terra significa automaticamente che una persona non sta soffrendo?

Ognuno ha una reazione al dolore tutta sua, ciò che mostra fuori può non coincidere con ciò che ha dentro. Ci hai mai pensato?

Prendi i miei genitori, per esempio: se ci rifletto ora, credo che abbiano sempre indossato una maschera, celando dentro una tempesta interiore. All'esterno si mostravano determinati, per trasmettermi fiducia e speranza ma, vedendo la mia sofferenza e immaginando il futuro incerto che avrebbe potuto portarmene di più, il loro cuore era pesante. Si sono sforzati di non fare mai trasparire quel dolore e quella preoccupazione. All'esterno avevano una facciata di forza, mentre dentro nascondevano un tumulto di emozioni non dette, un amore che volevano proteggere e, allo stesso tempo, una paura che era difficile esprimere.

Certo, il dolore ferisce, scalfisce, a volte cambia un po'.

Il mio dolore, però, si è trasformato nella dolce consapevolezza di non essere fatta per certe persone, per certe mancanze, per certi silenzi.

Come quando ho sofferto per amore e mi sono sentita come se il mio mare, ormai, fosse innavigabile. Invece no.

Nell'estate del 2023 ho affrontato la fine di un amore importante.

Sono stata molto male, però quel dolore oggi lo sento parte di me, mi ha fatto conoscere meglio chi sono e cosa voglio. Anche quanto valgo.

Mi sono distrutta e ritrovata, mi sono ricostruita e sono rinata.

Ed è stato un grande cambiamento accogliere tutto questo, viverlo appieno.

Perché le emozioni ci aiutano, in ogni caso. Che siano positive o le più difficili e piene di dolore.

Ci si abitua, lo dico davvero. Anche alla mancanza più grande. Piano piano.

Ho provato tanta nostalgia, sì. Sarà perché di quella persona mi era rimasta la parte migliore. Sarà che da innamorati non si notano un sacco di cose. Vero?

Certi episodi, se ci penso ora, hanno un altro colore, sembrano provenire da un'altra dimensione. Da un passato che ormai non mi appartiene, che non sento mio. Eppure sono la protagonista di quella storia, e i miei occhi l'hanno vista splendere per un po'.

A volte ho pianto fino a svuotare il cuore.

Ogni amore si porta via un pezzo di te.

Così, a un certo punto, mi sono sentita vuota. Un deserto arido. Non provavo nulla, ero in una bolla completamente anestetizzata.

"Tornerò?" Me lo sono chiesta spesso.

Poi ho capito che a volte non si volta pagina, si apre proprio un altro libro, tutto qua.

Non si deve per forza dimenticare, rimuovere il ricordo per tornare a stare bene, anzi.

Quindi, se puoi, entra nelle situazioni, poi fatti guidare dalle emozioni.

Dobbiamo solo smettere di pensare e iniziare a sentire. Sentirci.
Ora so che chi fa ciò che sente vince sempre. Anche quando perde.
E andando avanti nella vita, il peso non si alleggerisce, è la schiena che può essere più forte. In fondo tutti cerchiamo di diventare chi non siamo ancora.

Cattiveria

Le persone riescono a essere tanto cattive, vero?

Alcuni considerano la cattiveria sinonimo di forza, di sicurezza, dello stare sempre un gradino sopra gli altri. Superiori, sì.

E invece forse sono persone frustrate, sicuramente hanno delle insicurezze, anche inconsapevoli, bassa autostima.

Mi sembra, poi, che la cattiveria oggi sia ancora più diffusa rispetto al passato. Anche perché si mescola facilmente alla violenza fisica. Non so se ti è mai capitato di camminare per strada e beccare uno con la luna storta che ti spintona senza motivo. A me sì.

Certo, la cattiveria è anche violenza verbale, le parole a volte sono più dolorose di uno spintone, perfino di una lama. Perché ti entrano dentro e ti rimangono addosso, magari arrivi addirittura a farti definire da quelle parole, ci credi tu per primo. E allora è complicato. A scuola i bulli mi isolavano. Con poche frasi crudeli mi facevano sentire fuori posto: "Non puoi giocare con noi", "Sei diversa", "Perché hai la bocca così?", "No, tu no", "Non fai parte del gruppo", "Cos'hai in faccia?".

Certe parole possono arrivare a determinare l'identità di qualcuno. Ti restano addosso, non se ne vanno e, in base a quanto sono brutte e cattive, ti schiacciano. Ti fanno sentire una cosa minuscola. Una nullità.

E se è così, di quelle parole non te ne liberi, neanche dopo anni, anche se scappi, anche se nella tua vita o davanti a te non hai più la persona che è stata cattiva: quelle parole, se chiudi gli occhi, le senti rimbombare.

Io sono riuscita a sciogliere moltissimi nodi del passato, ho metabolizzato tante cose, però se oggi mi concentro e chiudo gli occhi, immersa nel silenzio, riesco ancora a sentire le voci dei bulli.

La cattiveria è un misto di tante cose diverse. La sfida è riconoscerle e isolarle.

E dobbiamo stare attenti affinché la cattiveria degli altri non ci renda a nostra volta cattivi, rigidi, rancorosi, pronti all'attacco continuo. Lo so, ricambiare con la stessa moneta è un istinto comune. Ma cattiveria per cattiveria è un vicolo cieco. Non funziona. Se a una cattiveria rispondo con una cattiveria, sono come chi ha iniziato tutto. E a me non sta bene. Voglio fare il possibile per evitarlo.

L'opposto della cattiveria è la gentilezza, il sapere essere gentili.

Alla cattiveria bisogna rispondere con gentilezza.

La gentilezza è una strada tortuosa, te lo dico subito.

E a volte la si può confondere con la normalizzazione, invece no. Io so che quel gesto ricevuto è cattivo, non lo voglio rifare, né lo accetto.

A un commento cattivo, bisogna rispondere con un complimento.

È spiazzante.

Si può scatenare una reazione nell'altro, una reazione emotiva, istantanea.

E a uno spintone? Sarebbe bello poter rispondere con un abbraccio, lo so che è pura utopia.

Eppure l'opposto di qualcosa di buio è comunque e sempre luce.

In molti si creano delle psicotrappole: sono schemi di pensiero disfunzionali costruiti dalla mente.

Esatto, in pratica l'hai costruita tu quella trappola, inconsapevolmente, e ora ne sei prigioniero. Come ci sei finito? Semplice: hai ripetuto comportamenti che inizialmente sembravano risolutivi, ma che col tempo si sono trasformati in tutt'altro.

Una gabbia.

E proprio le "soluzioni" che un tempo sembravano funzionare sono diventate il problema. Soluzioni fallimentari. In pratica, non fanno bene a nessuno. Né a te, né agli altri.

Io so cosa significa avere un'armatura, per molti anni ho vissuto così, con uno strato che mi proteggeva dall'esterno. E ho sempre voluto che gli altri, le persone a me care, vivessero in pace. Quindi controllavo le emozioni negative e finivo sovraccaricata. Ma non è tutto: agli altri l'emozione negativa arrivava lo stesso.

Eppure mi sembrava più strano stare nella quiete piuttosto che avere dentro una battaglia da combattere. Era come se non mi capacitassi della possibilità di stare bene, di una calma interiore, e cercavo ogni occasione, ogni scusa per combattere.

Invece è stando nella quiete, nella pace, godendotele, che impari a uscire dalla gabbia.

E a fare del bene.

Che ti fa sempre più bene.

Vulnerabilità

A lungo l'ho temuta.

Essere vulnerabile mi rendeva esposta. Scoperta.

Mi metteva in una posizione di rischio, per ciò che gli altri potevano dire.

Per cosa potevano credere e capire di me.

Perché, alla fine, essere vulnerabile è più che essere nudi. È mostrare gli spazi vuoti che abbiamo, lasciarli aperti.

A me è successo negli studi televisivi, alle presentazioni del romanzo, e in mezzo ai ragazzi.

Però sono stati momenti di pura commozione, in cui mostrarmi fragile e vulnerabile, senza riserve, mi ha dato forza.

Mentre le lacrime scorrevano, non mi importava degli sguardi, men che meno dei giudizi. Non c'era spazio per la paura, perché dentro di me mi sentivo incredibilmente risoluta e determinata. Io, che per anni avevo evitato di piangere davanti ad altri (persino davanti agli amici o alla famiglia), temendo di essere giudicata o percepita come debole, in quei momenti ho trovato il coraggio di lasciarmi andare.

Sì, ho pianto in diretta, ho pianto in diverse trasmissioni, durante incontri, per radio…

E quella commozione è stata liberatoria.

È stata una porta aperta verso un nuovo inizio, un punto messo al passato che mi ha permesso di rinascere.

Ho capito che fidarmi di me stessa, delle mie emozioni, è il vero atto di forza.

Non è sintomo di fragilità, bensì del coraggio di essere autentica, di accettarmi e di mostrarmi per ciò che sono davvero.

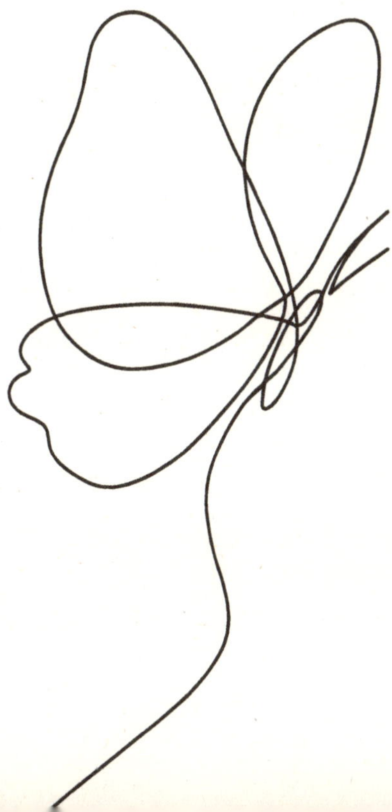

Abbi pazienza.

Rifiuto

Conosco bene la sensazione di essere messa da parte, di non essere scelta o accettata.

A volte bastano un gesto o una parola per far sentire che non sei abbastanza, che non appartieni a quel posto, a quella situazione.

Sentirsi rifiutata fa male, tocca il cuore della nostra vulnerabilità e della nostra identità.

È una ferita che può farci mettere in dubbio noi stessi. Cosa ho sbagliato? Perché non vado bene?

Lascia un senso di vuoto e si resta fragili ed esposti, al freddo e al buio.

Certo, ci sono tanti tipi di rifiuto. Ogni giorno potresti ricevere rifiuti per le cose più diverse. Ma qui mi riferisco all'essere rifiutato in quanto te, come persona.

Ecco perché facilmente diventa una ferita invisibile ma profonda, che fa vacillare l'autostima. È come bussare a una porta che rimane chiusa, nonostante il tuo desiderio di entrare. Un senso acuto di mancanza che sembra bucare il petto. Perché ti manca l'essere accolta, accettata.

A me è successo di provare un mix di emozioni: dolore, vergogna, solitudine e pure inadeguatezza.

Già, l'inadeguatezza, quella voce interiore a sussurrare che forse il problema sei tu, che non te lo meriti, che appunto non sei abbastanza.

Tuttavia, il rifiuto, per quanto doloroso, può anche essere un'occasione.

Seguimi: chi ti ha rifiutato ha definito dei confini, tu puoi fare lo stesso con i tuoi. E puoi guardarti indipendentemente da quel rifiuto. Tipo: "Ok, per te è no, troverò altro. Perché io so qual è il mio valore. E se ancora non lo so, posso sempre scoprirlo".

Il rifiuto non ti toglie ciò che sei. Anzi, proprio quel rifiuto può aiutarti a costruire una resilienza emotiva.

È una sfida, sì. Una sfida enorme.

E se il rifiuto è una sensazione dolorosa e potente, altrettanto potente, ma capace al contrario di infondere forza e gioia, è il sentirsi accolti. È difficile descrivere ciò che ho provato nel sentirmi capita e ascoltata in modo autentico come mi è successo per esempio alla prima presentazione del mio libro. È un abbraccio invisibile che ti avvolge l'anima. È quel momento in cui senti che le tue parole smettono di rimbalzare nel vuoto. Trovano un posto e arrivano dritte al cuore di chi ti sta di fronte.

È la leggerezza di non dover spiegare troppo, perché chi hai davanti sa, comprende anche il non detto. È uno scambio che non pesa ma arricchisce, un calore che ti fa sentire al sicuro, libera di essere te stessa.

È la certezza che in quel momento esisti davvero, con le tue emozioni, le tue storie e le tue ferite, e che tutto di te viene accolto senza giudizio. È una piccola magia, una connessione autentica.

Quel primo incontro a me ha lasciato tanto.

Ci sono stati momenti di grande intensità emotiva: qualcuno si è riconosciuto nelle mie parole di figlia, altri hanno raccontato di essere stati bullizzati da piccoli, altri ancora hanno condiviso le loro preoccupazioni per i figli, dedicando loro pensieri pieni di amore e speranza.

Certo, il tempo era poco, eppure al firmacopie ho percepito una connessione profonda con chi mi stava davanti. Molti avevano conosciuto il dolore, un dolore simile al mio o diverso, in ogni caso lacerante, capace di trasformarti. E quando è così, ci si trova, ci si riconosce senza bisogno di troppe parole. Si crea un legame profondo, perché quel dolore diventa un linguaggio comune, una connessione inconsapevole che parla dritto all'anima. Questo linguaggio è un ponte che avvicina le persone, oltre le diversità.

Mi sono sentita apprezzata, non per pura formalità, ma perché c'era una reale volontà di ascoltare, di capire, di condividere. È stato toccante e incredibilmente umano. E mi ha restituito tutto il valore di ciò che stavo facendo.

Sto iniziando a fidarmi di ciò che provo a pelle, sai?

Del primo istante in cui qualcosa o qualcuno mi colpisce senza poterlo razionalizzare. Sì, credo sempre di più nell'istinto. È il corpo che sceglie prima della testa, come se custodisse una bussola interiore, capace di indicarmi la strada giusta anche quando tutto sembra confuso.

È una fiducia nuova, quasi ancestrale, in quel legame intimo tra le emozioni e il movimento, tra il sentire e l'agire.

Sembra quasi che il corpo sappia già dove voglio andare, ancora prima che io abbia deciso di muovermi. È lui a guidarmi, a indicarmi la direzione, mentre la mente, finalmente, impara a fidarsi e a seguire.

Ti è mai successo?

Forza

Ora vieni con me e metti tra parentesi le tue paure, come fossero note a margine di un racconto più grande.

Corri il rischio di essere felice.

La felicità è un salto nel vuoto, un atto di coraggio che spesso spaventa più del dolore stesso. E allora chiediti: cosa faresti se non avessi paura? Forse affronteresti quel dolore che porti dentro, quel macigno che ti tiene ancorata a un passato che non ti appartiene più. Forse, sì, lo supereresti.

Perché in fondo siamo fatti così: di anima, di una fragilità che ci rende umani e di una forza che spesso dimentichiamo di avere.

Piangere fino ad affogare in noi stessi è una delle esperienze più universali e, al tempo stesso, più intime. Ci si perde nel buio, ma proprio laggiù, in quel fondo che sembra senza via d'uscita, si tocca un punto, che improvvisamente ci dà la spinta per risalire.

È lì che troviamo la nostra forza.

Nella consapevolezza che il dolore può piegarci, ma non spezzarci.

Spesso sembra che quasi tutto si risolva con un "Vaffanculo!" urlato. Con l'arroganza che chiude la porta. Con la rabbia che ti fa sentire invincibile.

Un momento.

NO.

Io ho imparato che niente è più irriverente e rivoluzionario della dolcezza. La dolcezza è un'arma gentile, non colpisce ma disarma. È un linguaggio che sussurra dove gli altri urlano, che abbraccia dove gli altri respingono.

Eccola una grande forza che anche tu hai dentro. La vedi?

Così, quando senti il bisogno di abbracciare qualcuno, fallo senza riserve. Quando vuoi arrabbiarti, arrabbiati, perché trattenere le emozioni è negare la propria umanità. Ma non lasciare mai che la cattiveria degli altri ti entri dentro e trasformi il tuo cuore.

La tua forza sta nel non perdere te stessa, nel restare una persona autentica, anche in un mondo che spesso sembra preferire o cercare il contrario.

È normale che sia difficile, però inizia.
Iniziare di solito è il momento più difficile, è vero.
Eppure è anche quello che rompe tutto e ti costringe a scegliere.
Allora ti dico: sceglititi, sempre.

Specchi

La mia storia con gli specchi è fatta di scontri, fughe e pure di incontri. Alla fine.

Per molto tempo non sono riuscita a guardarmi allo specchio, sai? Neanche banalmente in quelli dei negozi o nelle vetrine, quando ci passi davanti e ci vedi il tuo riflesso. Ecco, io evitavo.

Ovviamente tutto partiva da me. Non mi piacevo esteticamente, non mi accettavo e ogni mia immagine riflessa sembrava evidenziare i difetti fisici che da ragazzina avevo odiato. Però c'era di più. Non mi riconoscevo neanche dentro. Quello che vedevo non combaciava con quello che sentivo.

E poi c'era "lui". Il mio cognome. Un cognome famoso, pubblico, che pareva definirmi agli occhi degli altri, solo che non mi rispecchiava davvero.

Mi sentivo altro.

Il contenuto, ovvero quello che era ed è Camilla, l'essenza di Camilla, non rappresentava il contenitore, ovvero il cognome.

Mi sentivo qualcosa di diverso, appunto.

Lo specchio, però, mi costringeva a confrontarmi con tutto ciò, e io, non guardando, trovavo il modo di scappare. Dalle insicurezze, dalle fragilità, dalle paure e, ovvio, anche dai difetti fisici.

Lo specchio mi costringeva a confrontarmi con la paresi, con l'asimmetria. E ogni volta che mi fermavo davanti al mio riflesso, la realtà mi stava di fronte, lì, nuda e cruda. E io ero terrorizzata di vederla, di doverla accettare, accogliere, forse anche di metabolizzarla inconsciamente. Quindi ecco che era più facile distogliere lo sguardo, scappare, evitare.

Ci è voluto del tempo per capire che lo specchio non era il nemico, ma un alleato.

Un alleato scomodo, sì, ma uno strumento per scoprire chi ero davvero.

Ancora oggi mi capitano giornate in cui specchiarmi mi mette in difficoltà. Anche se mi sono accettata, mi sono ritrovata, ricostruita e ho imparato a volermi bene, ci sono ancora delle volte in cui, davanti alla mia immagine riflessa, penso: "Quanto sono brutta, non mi va di uscire... Oddio che capelli orrendi e poi le occhiaie!".

Lo specchio rimane un alleato scomodo, credo lo sarà per sempre. Però non è più il nemico che in passato voleva costringermi a fare i conti con una realtà che non capivo e che mi spaventava.

Forse non ero ancora pronta. Ogni cosa arriva a suo tempo.

Quindi, se succede anche a te, respira. Aspetta. Quando sarai pronta ce la farai, lo saprai.

Attenzione

Cosa ho imparato nell'ultimo anno?

Questa è una domanda interessante.

Me la sono scritta su un quaderno e ho provato a rispondere.

È una bella domanda, perché ti obbliga a guardare indietro, con coraggio e attenzione. Tu te la sei mai fatta?

A pensarci, ho imparato molte cose. Che devo darmi più tempo e pazienza, perché crescere richiede spazio per gli errori.

E devo farmi domande.

Le scrivo, le evidenzio, rispondo.

Perché faccio quello che faccio? Perché voglio lasciare un segno positivo, per quanto piccolo, nella vita delle persone.

Un momento difficile e come l'ho superato. Quando ho perso fiducia in me stessa, ma ho trovato forza grazie alla terapia e al supporto di chi mi vuole bene.

Cosa vorrei fare ora? Viaggiare in un luogo lontano e immergermi in una cultura completamente diversa dalla mia.

Di cosa ho paura? Di niente. Giuro. In passato avevo paura di fallire, ma ora ogni giorno cerco di vedere il fallimento come un'opportunità di crescita.

Cosa mi motiva ad andare avanti anche quando è difficile? Sapere che sto costruendo qualcosa di significativo per me e per gli altri.

Cosa vorrei che gli altri pensassero di me? Che sono autentica, sincera e sempre pronta a dare il meglio di me.

Penso che l'unica chiave che ci permette di conoscere

noi stessi sia stare dentro alle cose: sentire quell'emozione, provare quel dolore fino in fondo, agire nelle diverse situazioni. Solo così capiamo noi stessi e ciò che siamo in grado di sopportare. E, fidati, pensiamo sempre che sia meno di quello che realmente è.

So che la strada per conoscermi del tutto è ancora lunga e non vedo l'ora di stupirmi.

Cerco di essere fedele alla persona che sono: nella vita le maschere cadono sempre.

Poi ho imparato che volevo fare qualcosa che aiutasse gli altri e che potesse far stare bene le persone. Da piccolissima, sognavo di diventare veterinaria per prendermi cura degli animali. Crescendo, ho capito che il mio desiderio di supportare gli altri si allargava anche alle persone. Così ho scelto di studiare comunicazione per trovare un modo di avvicinarmi agli altri e dare un contributo significativo.

Il gesto più bello per me resta l'attenzione. In tutte le sue forme: qualcuno che sta attento a non ferirti, che sta attento quando ti ascolta, quando ti parla, qualcuno che sta attento passando del tempo con te.

Qualcuno che si dedica a te, con cura.

Allora possiamo anche partire dal contrario.

Facciamo in modo di essere noi quel qualcuno che presta attenzione.

Hai mai pensato che le persone sono in guerra con se stesse, non con te? Già, puntare un dito è più facile che guardarsi allo specchio.
Tutto ciò che accade non accade a noi, ma per noi. Ecco perché se sei a tuo agio con te stesso non sei mai solo.

Incontri

Gli incontri che facciamo nella vita hanno il potere di cambiare il nostro cammino. Alcuni, positivi o negativi, lasciano una traccia indelebile, ci trasformano, ci fanno riflettere su chi siamo e cosa vogliamo diventare. Ogni incontro può essere occasione di crescita, un'opportunità per scoprire noi stessi e gli altri. Con il tempo impariamo a riconoscere quelli che ci hanno segnato, a capire come ci hanno influenzato. Oggi, guardando indietro, comprendo che molti di questi, anche quelli più difficili, sono stati essenziali per portarmi qui.

Il mio primo incontro come autrice con ragazze e ragazzi in una scuola, come dimenticarlo?

Eccoli. Davanti a me, duecento ragazzi e una ventina di adulti. Ho sentito la gola secca, ma nel petto esplodeva una felicità pura.

Appena sono entrata subito è partito un applauso.

Voci emozionate sussurravano tra loro: "Eccola, eccola!".

Il calore di quell'accoglienza mi ha sciolto il nodo che avevo in gola.

Sono salita sul palco. Il microfono era freddo tra le mani mentre aspettavo che il giornalista terminasse la sua presentazione. Poi ho preso un respiro e ho iniziato a rispondere alle sue domande.

I ragazzi hanno letto alcuni brani del mio libro e hanno condiviso le loro riflessioni. Mi hanno dedicato una delle mie canzoni preferite, *Supereroi* di Mr. Rain, e hanno interpretato una delle scene del romanzo, quella con i bulli.

È stato incredibilmente intenso.

Osservavo i loro volti, i loro occhi pieni di emozione, e mi sono sentita parte di qualcosa di grande.

Poi è arrivato un momento che aspettavo con timore: le domande. All'inizio poche, poi tantissime. Le mani si alzavano ovunque, voci curiose echeggiavano nella sala. Infine anche docenti e genitori hanno preso coraggio, i ragazzi sono sempre più impavidi degli adulti.

Temevo domande difficili, scomode, qualcosa che potesse toccarmi troppo da vicino, riportandomi a quel senso di rifiuto che da bambina avevo associato alla scuola.

Invece, è stato tutto naturale.

Un dialogo sincero, senza filtri, senza paura.

Ho chiuso l'incontro con queste parole: "Ognuno di noi ha il proprio posto nel mondo. Vi auguro di trovarlo. Siamo tutti supereroi. Daje tutta!".

Un boato.

Un'ovazione calda, potente, che mi ha avvolto come un abbraccio collettivo.

Un caos felice.

Ed eccoli, in un'onda travolgente, i ragazzi sono corsi verso il palco. Mi sono inginocchiata a terra con loro, firmando copie del libro, fogli, qualsiasi cosa mi porgessero.

Erano ovunque, pieni di entusiasmo. In quel momento non c'era niente di più importante: solo io e loro.

Alla fine, la preside mi ha consegnato un mazzo di fiori rosa, avvolti in carta verde, il mio colore preferito. Un pensiero che mi ha riempito di gioia.

Ho ringraziato tutti e lasciato la scuola con il cuore gonfio di emozioni.
Avevo ricevuto molto più di quanto avessi dato.
In quel momento ero incredibilmente leggera.
Potevo volare anche io.
Come una farfalla.

Ecco, ora sì, mi rendo conto di cosa ho fatto, di che cosa ho realizzato davvero. Se qualcuno me l'avesse detto tempo fa, non ci avrei mai creduto.
Mai.
Io, andare in una scuola a portare la mia testimonianza e a parlare delle mie fragilità davanti a duecento ragazzi? Impossibile!
Quante paure ho affrontato? Quanti traumi ho lasciato indietro?
Sono riuscita a spezzare quella catena che innescava in me un meccanismo perverso di ansie e aspettative.
L'ho smontato, un pezzo alla volta.
Soprattutto, ho lasciato a casa la paura. La paura costante di non essere all'altezza. Di sbagliare, di dire la parola sbagliata al momento sbagliato. Già, la paura di non essere perfetta. Di essere fallibile.
E l'idea che avevo in testa, che stare davanti a duecento ragazzi fosse qualcosa che non mi appartenesse, be', sì, ero in errore.
Fa parte di me.
Ciò che ci appartiene trova sempre il modo di emergere, di venire a galla. E lo fa sfidando i timori, superandoli,

perché ciò che vale davvero, vale più di qualsiasi paura. Quel giorno ho fatto qualcosa di incredibile.

Ho parlato al cuore di ragazzi che mi hanno guardata con occhi pieni di stupore, di ammirazione, come una portavoce, un esempio. Come a dire: finalmente ti ho trovata, finalmente non mi sento più solo, magari mi puoi prendere per mano, mi puoi accompagnare.

Mi sono donata a loro completamente, lasciando da parte paure e brutti ricordi.

E ce l'ho fatta.

Mi sono sentita viva.

Per la prima volta non avevo paura delle mie emozioni, né di mostrarle, né di condividerle.

Ho vissuto tante vite in un solo giorno, e in quelle vite ho trovato reciprocità, autenticità e una magia rara. Occhi coraggiosi e cuori vulnerabili. Una connessione profonda che mi ha ricordato che siamo più simili di quanto crediamo.

E io spero, con tutto il cuore, di essere stata all'altezza di questi piccoli, grandi giovani.

Una ragazzina mi ha chiesto se poteva abbracciarmi. Ero spiazzata, cavolo! Come si fa a chiedere il permesso per un gesto così bello? Certo, magari temeva il rifiuto, io però non vedevo l'ora!

Portare la mia testimonianza sui temi che mi stanno a cuore è un viaggio dell'anima, un atto terapeutico che, ogni volta, mi permette di lasciare andare un pezzo, di alleggerire il carico che porto dentro.

È come se, condividendolo, trasformassi quel carico

in qualcosa di utile per chi ascolta, offrendo la possibilità di farne tesoro.

Ma il vero punto non è solo raccontare: è donarsi. Donarsi agli altri è un'esperienza che ti avvolge completamente, che ti riempie l'anima fino a traboccare. E poi ti svuota. Ma è uno svuotarsi positivo, leggero, quasi liberatorio. Resta un sollievo, come se quel peso trovasse finalmente il suo posto.

Tutto ciò mi ha dato forza. Sono come piccoli mattoni che, l'uno dopo l'altro, costruiscono la mia autostima, la mia identità. Ogni parola, ogni sorriso ricambiato, ogni sguardo dolce, ogni incontro mi fa sentire un po' più forte, un po' più invincibile. Questo è il mio posto nel mondo, lo sento. È una certezza che vibra nel cuore, qualcosa che riconosco come profondamente mio, che mi appartiene completamente.

Quindi ricordalo anche tu.

Permettiti di stare male.

Datti il permesso di sentirlo, di accoglierlo e di comprenderlo.

E poi brilla, illumina tutti con ciò che hai imparato.

Sintonia

Dopo la pubblicazione del mio romanzo, ho avuto l'occasione di incontrare, in tre diverse giornate, un gruppo di ragazzi ricoverati in un ospedale infantile.

Ho toccato con mano il loro dolore e condiviso il mio. È stata un'esperienza cruda, sincera, senza filtri. Loro con la loro sofferenza, io con la mia. Eppure, in quella condivisione, c'era qualcosa di profondamente umano, di salvifico. Perché il dolore, se condiviso, pesa un po' meno. E l'ascolto reciproco è un dono immenso. Io, che nella vita ho sempre scrutato gli altri prima di fidarmi, questa volta ero dall'altra parte. Sentivo i loro occhi addosso, attenti, cauti, quasi a sezionarmi per capire chi fossi davvero. Non ero io a mettere alla prova loro, erano loro a mettere alla prova me. E in quegli sguardi, nei loro silenzi carichi di significato, ho capito che la fiducia non si chiede, si conquista. E che per loro non bastavano le parole: servivano coerenza, verità, presenza.

Non è stato facile. Entrare in quella realtà è stato come andare in apnea. Mi sono sentita travolta, spiazzata, sopraffatta dalla paura di non essere in grado di reggere. Ma poi mi sono detta: "Posso farcela". Li vedevo stringersi nei loro angoli, come se la solitudine fosse l'unico spazio in cui riuscissero davvero a respirare. Stare soli era la loro zona sicura, il rifugio dove nessuno poteva ferirli, dove non servivano parole né spiegazioni. Eppure, nonostante tutto, c'era in loro uno sforzo silenzioso, quasi impercettibile, ma enorme: quello di esserci. Di restare nella stanza, di non scivolare via. Anche solo con la presenza, con uno sguardo, con un cenno. Come se, pur nel bisogno di isolamento, una parte di loro cercasse ancora un filo da cui ripartire, un appiglio per tornare piano piano nel mondo.

Il primo incontro è stato faticoso.

Il silenzio, la diffidenza, il loro bisogno di capire chi fossi prima di decidere se ascoltarmi. Un silenzio che non era imbarazzo, ma attesa. Erano loro a scrutarmi, a decidere se fidarsi. Io ero l'ospite, l'elemento estraneo in quel mondo sospeso tra dolore e speranza. Loro il silenzio lo sanno abitare, non ne hanno paura. Io, invece, no. Io nei silenzi mi sento a disagio, soprattutto quando ho davanti persone che non conosco. Ma proprio in quel disagio ho capito che ero nel posto giusto, con le persone giuste. C'è stata una fusione, senza che nessuno di noi se ne rendesse davvero conto. Io ero lì, loro erano lì, i docenti e gli operatori sanitari erano lì. Eppure, qualcosa di più grande di tutti noi stava nascendo, senza fare rumore, in quella stanza. Un'aria quasi magica cominciava a prendere forma, un incantesimo che neanche il silenzio e la diffidenza riuscivano a rompere. Ogni ragazzo mi ha lasciato qualcosa di prezioso. Chi ha trovato il coraggio di aprirsi e di capire che, davanti alla cattiveria, la vera forza sta nel non restituirla. Rispondere con gentilezza ha il potere di spiazzare, di confondere chi si aspetta una reazione opposta. Di spezzare le catene dell'indifferenza e della rabbia. Una ragazza mi ha chiesto consigli perché sogna di diventare scrittrice, e io glielo auguro con tutto il cuore. Un altro mi ha accolto con un sorriso a trentadue denti e un entusiasmo contagioso che mi ha fatto sentire utile, serena, in pace con me stessa.

I meravigliosi ragazzi con cui il secondo giorno è stato più semplice, più familiare. Ho ricevuto un bellissimo disegno che celebra la bellezza delle imperfezioni: un bruco si guarda allo specchio, gli occhi pieni di curiosità e speranza. Nel riflesso, però, non vede più la sua forma di sempre, ma una farfalla splendida, con ali delicate e pronte a spiccare il volo. È come se il bruco stesse intravedendo la sua vera essenza, un sogno che ancora non ha preso forma ma che già pulsa nel suo cuore. È il momento in cui la trasformazione è più di una promessa: è una visione che lo spinge a credere che il suo volo sta per cominciare.

E poi è arrivato il terzo giorno. Quello in cui ho capito che il primo giorno avevo iniziato a seminare, senza rendermene conto. E quei semi hanno iniziato a germogliare: i ragazzi erano più attivi, più curiosi, più interessati, più calorosi. Abbiamo parlato, discusso, condiviso. E la richiesta più bella è arrivata proprio da loro: le ragazze mi hanno chiesto di passare a salutarle di nuovo prima di partire. Per me, quella è stata la vittoria più grande. Il fatto di aver lasciato un segno, di aver fatto la differenza in qualche modo, per me è tutto. È ciò che di più bello speravo di ottenere. Ma la loro vera lezione è stata un'altra. Mi hanno insegnato, senza saperlo, a godermi il momento. Io faccio sempre fatica a stare nel qui e ora. Penso a quello che sarà, a quello che verrà, e finisco per godermi solo a metà ciò che sto vivendo. Con loro è stato diverso. In quei tre incontri, per la prima volta dopo tanto tempo, mi sono goduta ogni istante. Un'ora e mezzo a incontro che è volata, e sarei rimasta lì altre dieci a parlare con loro. Le loro testimonianze, per chi ha avuto la voglia e il coraggio di condividerle, mi hanno fatto capire quanto siano preziosi i piccoli momenti di quotidianità, quelli che spesso diamo per scontati. Ridere con gli amici, scherzare, avere la libertà di fare ciò che ci va. Sono queste le cose che contano. Perché quando la vita, per un motivo o per un altro, ti toglie quei momenti, è lì che realizzi quanto fossero importanti.

I ragazzi avevano una lavagna su cui scrivevano delle frasi, e due di queste sono rimaste impresse nel mio cuore. La prima era una citazione da una delle mie canzoni preferite, *Wonderwall* degli Oasis. E la cosa incredibile è che, poco dopo l'incontro del primo giorno, in un bar ho sentito quella canzone. Quando le note hanno iniziato a riempire l'aria, mi sono venuti i brividi. Sembrava un messaggio che mi sussurrava: "Sei nel posto giusto, continua così". Era come se l'universo mi stesse dando una spinta in più, una conferma che non potevo ignorare.

La seconda frase era più diretta, un urlo che arrivava dritto al cuore: "Sii felice e vaffanculo". Semplice, cruda, ma incredibilmente potente. In un attimo è diventato il mio mantra, il mio modo di affrontare la vita. E quando nel quotidiano vacillo, quando il peso della giornata mi schiaccia, mi basta pensare a quelle parole e tutto si alleggerisce, come se il tempo e lo spazio si fermassero.

Torno con la mente a quei momenti, a loro, e mi sento di nuovo in equilibrio.

Prima di entrare in reparto avevo delle aspettative, pensavo che avrei trovato subito un riscontro, ma così non è stato. Prima di entrare ero sicura che avrei portato subito l'obiettivo a casa. Ero convinta di essere io a dover dare qualcosa a loro. Ma alla finc sono stati loro a dare qualcosa a me: uno sguardo nuovo sulla vita, un'umanità che spesso si perde nella frenesia del quotidiano. Mi hanno insegnato che bisogna restare sempre fedeli a se stessi, con le proprie fragilità e le proprie modalità. E che sorridere, in fondo, è l'arma più bella che possiamo avere, anche se a volte ci dimentichiamo come si usa. Mi hanno fatto sentire parte di qualcosa. Qualcosa di grande e profondamente umano, ma di una semplicità disarmante. Un legame che nasce in modo spontaneo, che va oltre le parole, fatto di sguardi, ascolto e accettazione. E ammirazione. Quell'ammirazione che loro avevano per me, come scrittrice e come ospite, ma soprattutto l'ammirazione che io nutrivo per ognuno di loro, per la loro forza interiore, per la resilienza che ogni giorno dimostrano e per il loro coraggio. Perché, per me, quei ragazzi sono coraggiosi. Fronteggiano le loro insicurezze e le loro paure, facendosi spesso abbattere, sì, ma senza mai cedere davvero. Alcune situazioni sono avvilenti, sfiorano quella paura primordiale che abita ogni essere umano: la morte. Eppure, questi ragazzi continuano a sopportare e a sfidare il loro nemico ogni singolo giorno, con una tenacia che lascia senza parole. Ogni passo che fanno, anche nei momenti più bui, è un atto di resistenza, una testimonianza del fatto che, anche nel dolore più grande, la speranza non si spegne mai. Sono meravigliosamente forti, devono solo prenderne consapevolezza. E quando lo faranno, nulla potrà fermarli.

Sono tornata a casa con il cuore colmo, dopo una dose d'affetto infinita. E con una gratitudine sconfinata per questi piccoli, grandi uomini e donne, per ciò che mi hanno insegnato e lasciato, senza nemmeno rendersene conto. Hanno donato una lezione di vita che mi ha toccato nel profondo, una lezione che non si trova nei libri, ma che nasce dal coraggio di affrontare ogni giorno che arriva, dalla forza di rialzarsi ogni volta, e dalla bellezza di accogliere la propria vulnerabilità. Non avrei mai potuto immaginare di imparare così tanto da loro, che in realtà sono stati i veri maestri, e che mi hanno regalato un'umanità che non smetterò mai di portare con me.

Ho ripreso la mia routine, ma una parte di me si sente un po' più vuota rispetto a prima, come se mancasse un pezzo. E quel pezzo l'ho lasciato nel reparto di neuropsichiatria infantile, con ogni ragazzo che ho incontrato. Mi sono ritrovata a guardare il telefono, come in attesa di un loro messaggio, veicolato attraverso i docenti, un segno che tutto quello che avevamo condiviso non fosse solo un momento sospeso, qualcosa che si dissolveva nel tempo. Ma ho capito: il segno lo avevano già lasciato dentro di me, in un angolo del cuore che non potevo più ignorare. Quel pezzo di cuore che è rimasto lì, tra risate, sguardi e parole, non lo voglio indietro. È nel posto giusto, ha trovato casa. E alla fine, il messaggio è arrivato, come un respiro profondo che mi ha colpito dritto al cuore: *Hanno chiesto di te: se fossi tornata a Roma, se ti avessimo sentita... sei piaciuta molto, e oggi sono arrivati altri libri per chi li voleva ed era senza*. Quella semplice frase, quella conferma, ha racchiuso tutto: non avevo mai smesso di essere con loro, e loro avevano trovato un pezzo di me che non avrei mai immaginato di lasciare.

Grazie a te che sei qui e hai sfogliato. Fin qui.
Spero di ritrovarti, da qualche parte, chissà. Tra altre pagine. O altrove.

Coraggio

Hai mai sentito il tempo scivolarti via tra le dita? Come sabbia troppo fine per essere trattenuta nel tuo palmo.

La paura di arrivare tardi? Come se tu fossi fuori tempo massimo.

Di amare, sempre un po' più degli altri?

L'impalpabile sensazione di invisibilità? Come se il mondo potesse continuare, magari pure meglio, senza di te.

Ecco, magari hai taciuto. Forse per non disturbare, per non chiedere troppo, per non farti notare.

Hai mai sentito la paura che nessuno potrà vedere davvero cos'hai dentro? Che nessuno capirà fino in fondo cosa hai vissuto, perso, visto nell'attimo esatto in cui tutto è cambiato, per te.

Hai mai sentito che non saresti stato amato abbastanza? Che saresti stato dimenticato, che stavi lasciando troppo poco a chi invece nel tuo cuore aveva tutto.

Che sprecavi fiato, sogni, occasioni.

Che inseguivi qualcosa che esisteva solo nella tua testa.

Che eri troppo o mai abbastanza.

Che eri un peso per gli altri, attorno a te.

Che eri insignificante.

Che stavi deludendo qualcuno, o più d'uno.

E poi la paura più grande di tutte: hai mai avuto la sensazione di sentirti così soltanto tu? Di essere solo.

Così.

Solo.

E fragile.

Ecco, io ti giuro che non lo sei.

Credimi.
Io lo so, ci sono passata.
Io sono te, sono stata te.
E se c'è una cosa che ho imparato, è che le paure non devono essere catene, ma trampolini: vanno prese, capite e poi buttate via per andare oltre.
La vita inizia quando si smette di temere.
E si va avanti con coraggio.

Ciao Camilla

Ora ho bisogno di fermarmi un attimo.

Volevo scrivere da un po' una lettera alla "me bambina".

Volevo raccontarle il tempo che è passato e le cose che ho imparato. Però più ci penso e più capisco che no, non voglio guardare indietro.

Voglio guardarmi allo specchio, dritta negli occhi.

Già. Ormai sembra sia facile per me. Invece non lo è.

Per anni ho combattuto una guerra tutta mia contro ciò che vedevo allo specchio. Ero io? Sì, ma anche no.

Allora chi ero?

Adesso però ci provo.

E inizio proprio così:

Ciao, Camilla.

La sai una cosa? Sei coraggiosa. Non te l'ho mai detto perché ero severa e avevo un'idea di perfezione che sì, adesso lo so, non avrei mai raggiunto.

Sei coraggiosa e allora, dai: sorridi. Non temere, tutto andrà come deve andare, e ogni esperienza che vivi è un passo prezioso, anche i momenti più difficili. Anzi, proprio i momenti più difficili.

Hai tanti sogni, alcuni li stai realizzando, molti andranno in frantumi.

Ne basta uno, per provare una gioia immensa. Un sogno solo, ma che si avvera.

Ascoltami: ogni giorno, con amore, cerca di diventare la versione migliore di te stessa. Lo so che il tuo istinto è quello di stare buona al tuo posto, in silenzio, nell'ombra. Lo so, ma non va bene.

Così come non andava bene subire quelle cattiverie, quegli sguardi pungenti, sin da quando eri piccola. È brutto iniziare la scuola e scoprire quanto possono fare male le parole.

"Non puoi giocare con noi."

"Cosa hai in faccia?"

"Perché hai la bocca così?"

E allora fermati un attimo, Camilla, e pensa a dire grazie alle persone che ti hanno detto quelle parole. Grazie, perché sei stata forte, non hai mollato, ti sei disperata, ma non gliel'hai mai data vinta.

E adesso eccoti, eccomi qui.

Sorrido.

Sorrido perché sento l'amore delle persone che mi stanno vicino, che mi hanno accompagnata nei momenti più bui e difficili e negli attimi belli, magici, improvvisi.

Sorrido perché ho accanto la mia famiglia. Mia mamma, i miei fratelli, mio papà che mi ha fatta piangere dicendo a tutti che è felice di avere una figlia come me e che è orgoglioso di quello che sto facendo.

Non è facile, papà, lo sai?

Ma che bello non essere sola.

Triste, confusa, amareggiata, insoddisfatta e desolata: tutto questo sì.

Ma sola, mai.

Dai, Camilla, devi imparare a volerti bene e a essere meno severa con te stessa.

Ci vorranno tanti anni e tanto impegno, ma accadrà.

Impara a dire "no" se non vuoi fare una cosa, perché non fa bene voler accontentare gli altri se non sei felice tu.

Impara a liberarti dalla paura di deludere le aspettative degli altri, e prenditi cura delle tue scelte.

Vai avanti sempre, anche quando ti sembrerà, la tua, una vita in cui non ti riconoscerai fino in fondo e non saprai qual è la tua identità al di là del cognome, quel cognome così famoso...

Magari non saprai più chi sei e soprattutto chi vorrai essere. E va bene così. Accogli quel senso di smarrimento: ti aiuterà. Per fare una grande rivoluzione ci vuole tempo, tanto, e pazienza, tanta.

Vai avanti senza paura di sbagliare, tanto si sbaglia sempre, ed è terribile non fare le cose per paura di sbagliare.

Abbraccia quello che arriva.

Lascia stare le etichette che ti hanno messo addosso senza chiederti il permesso.

Mi è stato detto che non potevo giocare perché ero diversa.

Era vero, io sono "diversa" e così mi sono sentita per tutta la vita.

Ho deciso di raccontare la mia esperienza anche per sostenere chi vive situazioni simili e per dare voce a chi non ce l'ha o preferisce soffrire in silenzio.

Sai, Camilla, non esiste privilegio che sia più forte del dolore, né cognome o scudo che possa proteggere dalla sofferenza.

E gli attacchi di panico e di ansia, nemici silenziosi, mi hanno fatto capire che era arrivato il momento di permettermi di essere vulnerabile. È spaventoso, lo so, ma fidati di te, provaci.

La mia non è una guerra e, se mai lo è stata, è finita.

Posso togliere l'armatura. Sono finite le bombe.

Sono libera.

Che strana e che bella la quiete attorno a me ora che non penso più a combattere.

La tristezza, l'amarezza, l'insoddisfazione e la desolazione mi aiutano a capire chi voglio essere. Certo, c'è un significato importante nel sentirsi incompresi, inadeguati, sotto giudizio. Nel sentirsi diversi. C'è il peso delle aspettative... Anche nel dolore e nelle difficoltà c'è un senso, qualcosa che può aiutarci a crescere.

La maggior parte delle persone che incontriamo non ci mostrano il loro vero volto, per paura. E la paura ci paralizza: fa alzare muri che poi è difficile buttare giù.

Ecco, via la maschera.

Questa sono io.

Mi chiamo Camilla Mancini e sono bella e sono coraggiosa.

Me lo dico da sola, sì. Allora? Va bene così.

Ho buttato giù tutto per regalarmi la voglia di costruire nuove fondamenta, nuovi muri con tante finestre sulla mia vita.

Mi sto innamorando di me e della mia vita.

Sto imparando a medicarmi, a convivere con i miei demoni.

Sto trovando il coraggio di raccontare le ferite della mia anima.

E quella piccola Camilla di sei anni che scopriva il dolore non è nel passato, è qui con me, sempre dentro di me, mi accompagna in ogni passo.

Le dico grazie.

Dico grazie ai miei amici, alla mia famiglia, a tutti quelli che mi stanno accanto.

Dico grazie alle persone che non conosco ma che stanno affrontando, con dolore e con coraggio, la mia stessa avventura.

Magari con più difficoltà delle mie.

Dico grazie ai bulli e alle loro parole velenose.

Ma a loro, ai bulli, dico anche che devono rendersi conto che quelle parole possono fare tanto male, possono causare dolori inimmaginabili nel cuore e nell'anima di chi come me è nato più fragile.

Sono veleni che possono distruggere.

A loro dico sì, grazie, ma anche adesso basta. Piantatela.

Le fragilità sono di tanti. Sono mie. Sono tue, cara Camilla, e sono di chi legge.

Sembriamo più deboli ma non è così.

Sappiamo abbracciare la meraviglia della vita.

C'è ancora tanto da imparare.

Anche dai sogni.

Grandi, belli e pieni di luce.

E adesso dove andiamo?

Ecco... non lo so!

Sicuramente spero di poter continuare ad andare nelle scuole. Di incontrare persone. Di scrivere. Di certo non mi fermo, accolgo tutto.

Andrò dove mi portano le ali della libellula questa volta.

La prima volta con il battito d'ali di una farfalla mi sono aperta al mondo. Ora la farfalla continua a volare comunque, posandosi sia sui fiori giusti sia su quelli sbagliati.

Perché sono quelli sbagliati che l'hanno aiutata a volare sempre più in alto, fin qui.

E il viaggio prosegue con una nuova compagna.

La libellula.

Con le sue ali può guidarci verso nuovi orizzonti. Tu ci sei?

Continuiamo, sì, a volare, liberi di essere noi stessi, di essere coraggiosi, ma soprattutto orgogliosi di essere vulnerabili.

Senza mai pensare di essere diventati chissà cosa.

In fondo, le libellule si nutrono di insetti, moscerini e zanzare, passano anche tre anni da larve e poi vivono poche settimane, mica possono tirarsela più di tanto.

Però, la sera, quando il sole sta tramontando e vedi una libellula che vola silenziosa, con quelle ali disegnate da un genio e quel corpo colorato, e la osservi specchiarsi sull'acqua senza che mai saprai dove sta andando... Quella sera lo sai che lei è bella, piccola, perfetta, forte, vulnerabile e che tu sei sua sorella e che il mondo, tutto sommato, è pieno di grandi avventure che non vedi l'ora di affrontare.

Ah, un'ultima cosa.

Ho letto che secondo alcuni il nome "libellula" viene dal vocabolo latino *liber*. E sai che cosa vuol dire?

Libero.

Libera.

Camilla Mancini (OGGI)

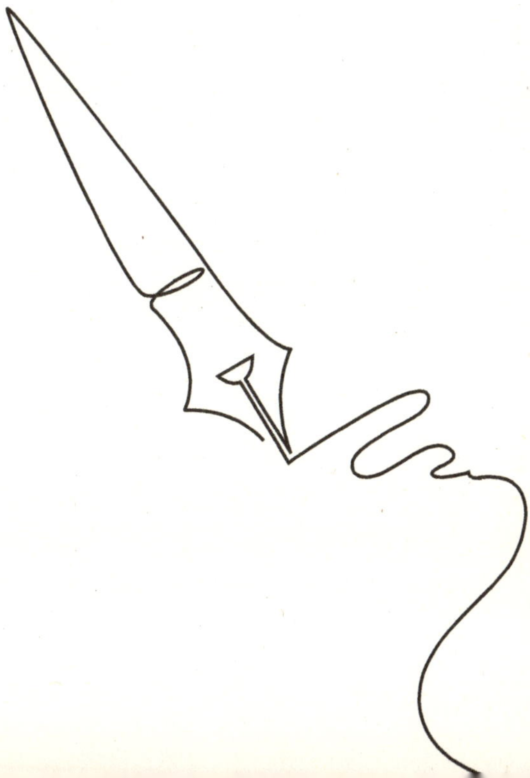

Della stessa autrice:

Sei una farfalla

Celeste vive quella che agli occhi di tutti è la vita perfetta. Vestiti firmati, casa grande e... papà famoso. Ultimamente, però, ha la sensazione che tutto intorno a lei stia andando in frantumi. A volte basta una pausa per capire cosa conta sul serio. Basta alzare gli occhi e osservare. A volte basta il battito d'ali di una farfalla per capire dove ti sta guidando, qual è la tua strada.

PEFC
PEFC/18-32-03

Certificato PEFC
Questo prodotto è realizzato con materia prima da foreste gestite in maniera sostenibile e da fonti controllate
www.pefc.it

Questo volume è stato stampato
su carta HOLMEN
con fibra vergine proveniente da foreste sostenibili holmen.com/paper